Koordination – das neue Fußballtraining

Jürgen Buschmann/Hubertus Bussmann/Klaus Pabst

KOORDINATION
DAS NEUE FUSSBALLTRAINING

Spielerische Formen für das Kinder- & Jugendtraining

Meyer & Meyer Verlag

Die Deutsche Bibliothek – CIP Einheitsaufnahme

Buschmann, Jürgen:
Koordination - das neue Fußballtraining : spielerische Formen für das Kinder- und Jugendtraining / Jürgen Buschmann ; Klaus Pabst ; Hubertus Bussmann
2. überarb. Aufl. – Aachen : Meyer und Meyer, 2002
ISBN 3-89124-830-X

Adelaide, Auckland, Budapest, Graz, Johannesburg, Miami,
Olten (CH), Oxford, Singapore, Toronto
Member of the World
Sportpublishers' Association (WSPA)
Druck: Druckerei Vimperk AG
ISBN 3-89124-830-X
E-Mail: verlag@meyer-meyer-sports.com

INHALT

Eine Anmerkung zum Sprachgebrauch:
Aus Gründen der besseren Lesbarkeit wird durchgehend die männliche Anredeform verwendet, die sebstverständlich die weibliche mit einschließt.

EINLEITUNG

Die Bedeutung der Koordination für den Fußballspieler rückt in den letzten Jahren immer stärker in den Blickpunkt des Interesses und ist nach wie vor in aller Munde. Vor allen Dingen deshalb, weil es kein Zufall zu sein scheint, dass besonders die erfolgreichen europäischen Fußballnationen – z.B. die relativ kleinen Niederlande oder der Fußballweltmeister von 1998, Frankreich – allergrößten Wert auf eine optimale koordinativ-technische Ausbildung legen.

Ein tägliches einstündiges Training der koordinativen Fähigkeiten ist in diesen Ländern seit Jahren selbstverständlich. Die Ajax-Schule in Amsterdam ist in diesem Zusammenhang besonders hervorzuheben. Aber auch in Frankreich werden die Talente in den Fußballinternaten, die für Profivereine verpflichtend sind, in dieser Art und Weise besonders gefördert.

Nur wer eine optimale Körper- und Ballbeherrschung besitzt, kann Spitzenleistungen im Fußball bringen. Deshalb haben und hatten Topspieler trotz aller unterschiedlichen und individuellen Voraussetzungen eines gemeinsam, sie beherrschen Ball und Körper in fast allen Situationen des Spiels.

Eine optimale Entwicklung der koordinativen Fähigkeiten führt zweifelsohne zu einer höheren Leistungsfähigkeit im Fußballspiel und bewirkt eine erhöhte Lernfähigkeit. Sie kann sich aber nur dann optimal entwickeln, wenn sie rechtzeitig – hier gibt es kein *zu früh*, sondern höchstens ein *zu spät* – trainiert wird. Dazu braucht man die bestmöglichen Trainer mit einer guten Ausbildung und einer ausreichenden pädagogischen Erfahrung – keine kurzfristigen *Erfolgstrainer*.

Das Vorbild des Trainers ist nie wichtiger als im Kindesalter. Ein fußballbezogenes und attraktives Koordinationstraining ist aber nicht nur bei den Jüngsten unverzichtbar, sondern mit etwas Geduld und Einfühlungsvermögen können auch koordinative Defizite bei B- und A-Junioren sowie im Seniorenbereich behoben werden.

Im Koordinationstraining werden komplexe Bewegungsmuster und nicht etwa bestimmte Bewegungen (Technik) geschult. Diese Förderung der koordinativen Fähigkeiten bildet die Basis, dass technisch einfache wie auch komplexe Anforderungen besser erlernt und schneller ausgeführt werden können.

Die vorliegende Struktur von Spiel- und Übungsformen wurde bewusst an bekannte technische Elemente aus dem Bereich des Fußballspiels angelehnt, um auch diejenigen Trainer anzusprechen, die sich im Bereich des Koordinationstrainings noch nicht so gut auskennen. Natürlich ist uns klar, dass viele Übungen und Spielformen nicht nur die zugeordneten Techniken schulen, sondern übergreifend bzw. grundlegend und/oder kompensatorisch wirken können. So finden sowohl Einsteiger als auch Spezialisten auf dem Gebiet des koordinativen Fußballtrainings viele Anregungen für die Trainingspraxis.

Vorwort zur 2. Auflage

Nartürlich sind wir glücklich und stolz, dass die 1. Auflage so schnell verkauft worden ist. Denn es ist für uns die Bestätigung für das *neue Fußballtraining*. In allen Fachzeitschriften finden sich immer mehr Artikel zum Thema *Koordination und Fußballspiel*. Mit der 2. Auflage des Buchs haben wir zwar auch ein paar neue Übungen hinzugefügt, aber primär am Layout gearbeitet.

Wir wünschen Ihnen viel Spaß mit diesem Buch bei der Arbeit in Schule und/oder Verein.

Jürgen Buschmann
Hubertus Bussmann
Klaus Pabst
Köln, im September 2001

1 GRUNDLAGEN DES KOORDINATIONSTRAININGS

Koordination ist Grundlage und Voraussetzung jeglicher Bewegung innerhalb der Alltagsmotorik und erst recht in sportlichen Zusammenhängen. Je besser die Qualität der Koordination ist, desto größer ist die diesbezügliche Leistungsfähigkeit bei gleichzeitiger Einsparung an Energieaufwand.

Neben den Bereichen Kraft, Schnelligkeit, Ausdauer und Beweglichkeit stellt die Koordination den fünften Teilbereich der konditionellen Fähigkeiten dar. Alle Bereiche sind voneinander abhängig und beeinflussen nicht unwesentlich das Handlungs- und Leistungsvermögen des Sportlers (vgl. Abb. 1). Bisher wurde diesem konditionellen Teilaspekt in der Fußballausbildung aber zu wenig bzw. bewusst und systematisch überhaupt kein Stellenwert zugemessen.

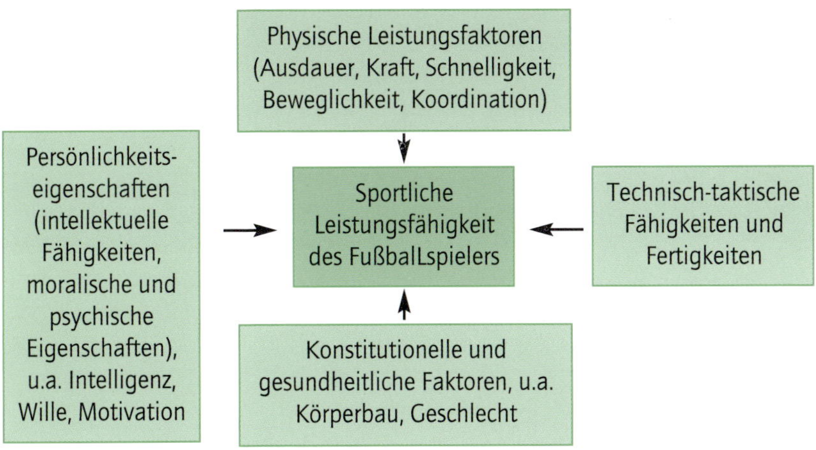

Abb. 1: Elemente der sportlichen Leistungsfähigkeit

Definition: Man versteht unter *Koordination* das Zusammenwirken von zentralem Nervensystem (ZNS) und der Skelettmuskulatur innerhalb eines gezielten Bewegungsablaufs.

Koordinationsparcours: paarweise als Wettkampf

Es wird unterschieden in:

a) Intramuskuläre Koordination
   - Abstimmung der einzelnen Muskelfasern innerhalb eines Muskels.

b) Intermuskuläre Koordination
   - Abstimmung der Muskeln untereinander.

Koordinationstraining und damit das Techniktraining beginnt nicht erst im F-Jugend-Alter, sondern es fängt mit der Geburt an. Vielseitiges Training, d.h. mit den Händen, mit den Beinen, mit den Füßen, mit dem Rumpf und entsprechenden Geräten, ist die Basis für eine gute Grundlagenausbildung. In der heutigen Zeit, wo Bewegung und Bewegungsspiele nicht unbedingt zu den natürlichen Elementen des kindlichen Daseins gehören, – es fehlt der Bolzplatz um die Ecke – finden sich immer mehr motorische Defizite bei Kindern: so auch im Bereich der Koordination (vgl. Tab. 1) und natürlich beim Fußballspielen selbst.

- Schlechte Zielgenauigkeit, z.B. beim Passen/Schießen.
- Orientierungslosigkeit im Raum, z.B. Stellung zum Gegenspieler beim Abwehrverhalten.
- Mangelnde Anpassungsfähigkeit, bezogen auf Partner oder Gerät, z.B. beim Anbieten/Freilaufen; Berechnung der Flugkurve des Balls.
- Eckiger, abrupter, arhythmischer Bewegungsverlauf, z.B. beim Laufen mit/ohne Ball.
- Überflüssige Mitbewegung innerhalb von Bewegungsabläufen, z.B. mit den Armen rudern beim Laufen.
- Unelastisches Fangen von Gegenständen, z.B. Torwart beim Fangen des Balls.
- Unelastizität beim Niederspringen, z.B. nach einem Sprungkopfball.
- Unsicherheit auf geringer Unterstützungsfläche, z.B. Stehen auf einem Bein u.a.m.

Tab. 1: Mögliche Koordinationsschwächen bei Fußballspielern

Grundlagen: Das Kind wird mit 160-180 Milliarden Nervenzellen im Gehirn geboren, die bis ca. zum 10. Lebensjahr auf 100 Milliarden reduziert sind. Ursprünglich haben die Zellen keine Verbindungen untereinander. Je mehr Verbindungen (Synapsen) aber zu Nachbarzellen geschaffen werden, desto besser sind die intellektuellen Voraussetzungen im späteren Leben. Das wirksamste Mittel zur Erhaltung der Zellen und zum Aufbau der Synapsen ist Bewegung im koordinativen Sinne. Deshalb sind spielerische Aktivitäten – besonders Ballspiele – von herausragender Bedeutung für die Persönlichkeitsentwicklung.

Eine frühzeitige spezielle Ausbildung, z.B. als Fußballspieler, hat aber auch einen kleinen Haken: Keine Sportart bildet alle koordinativen Fähigkeiten gleichermaßen gut aus. Deshalb brauchen insbesondere Kinder so genannte **Ergänzungssportarten**, um eine möglichst weit gefächerte, vielseitige koordinative Ausbildung abzusichern, u.a. mit Elementen aus der Leichtathletik, dem Turnen und dem Tanzsport.

Elemente der Koordinationsfähigkeit: Die komplexe Koordinationsfähigkeit kann im Fußballsport in folgende Teilgebiete differenziert werden:

Koordinationsfähigkeiten	Erscheinungsformen im Fußballspiel	Spiel- und Übungsformen zur Verbesserung
Anpassungs- und Umstellungsfähigkeit		
Fähigkeit, sich auf unerwartete und neue Gegebenheiten schnellstmöglich einzustellen.	Z.B. Absprungverhalten des Balls bei veränderten Witterungs- und Platzverhältnissen.	Spiel- und Übungsformen auf unterschiedlichen Bodenverhältnissen/mit unterschiedlichen Bällen (z.B. Beachsoccer, Halle, Hart-/Rasenplatz, Schneedecke, starker Regenfall).
Antizipationsfähigkeit		
Fähigkeit, Ergebnisse und Ablauf von Aktionen und Reaktionen anderer Sportler vorauszuahnen.	Spielhandlungen der Mit- oder Gegenspieler vorausahnen.	Komplexe Spielformen, am besten das Wettkampfspiel selbst.
Differenzierungsfähigkeit		
Fähigkeit, Muskulatur bei Bewegungen sensibel und bewusst gesteuert einzusetzen (Bewegungsgenauigkeit und -ökonomie).	Z.B. Sprungkopfball (erforderlicher Krafteinsatz für Sprunghöhe und Kopfstoß gegen den Ball), „Sprung zum hohen Ball" des Tor-	• Funktionsgymnastik. • Übungen mit unterschiedlichem Krafteinsatz (z.B. Torschuss: hart, mittel-platziert, gering – mit Effet).

	warts (Krafteinsatz beim Absprung für die erforderliche Sprunghöhe), Ballgefühl.	• An- und Mitnahme von Bällen.
Fähigkeit zum peripheren Sehen		
Fähigkeit, sich durch Wahrnehmung im Raum zu orientieren und sich entsprechend zu verhalten.	Ball und/oder Mit-/Gegenspieler sehen, sie im direkten Blickfeld haben, u.a. Voraussetzung für ein sinnvolles taktisches Handeln.	• Technikübungen, bei denen auf optisches Zeichen des Trainers eine Zusatzaufgabe erfüllt werden muss. • Komplexe Spielformen (mit Unterbrechungen durch den Trainer: auf Fehler hinweisen).
Fähigkeit zum Timing		
Fähigkeit, eine Bewegungshandlung genau zum richtigen Zeitpunkt durchzuführen.	Flugkurve des Balls mit eigener Bewegung abstimmen, z.B. Sprung zum Kopfball nach einer hohen Flanke.	Technikübungen mit dem Ball, u.a. Verwerten unterschiedlicher Flanken (aus verschiedenen Positionen, mit unterschiedlicher Höhe und Schärfe) mit dem Kopf und den Füßen.
Gleichgewichtsfähigkeit		
Fähigkeit, das Körpergleichgewicht zu halten oder möglichst schnell wiederherzustellen.	Z.B. nach Zweikämpfen mit Körperkontakt.	• Zweikampfübungen. • Laufübungen mit Zusatzaufgaben, z.B. Rollen, Drehungen.
Kopplungsfähigkeit		
Fähigkeit, einzelne Teilbewegungen miteinander zu einem flüssigen und ökonomischen Bewegungsablauf zu verknüpfen.	Z.B. „Kopfballspiel" (Sprung, Ausholbewegung, Köpfen des Balls); „Torwartabschlag" (Arm- und Beinbewegung).	Aneinanderreihung unterschiedlicher Technikelemente: Ballverarbeitung hoher Bälle und Torschuss.

Orientierungsfähigkeit		
Fähigkeit, die Lage des Körpers im Raum (Spielfeld) oder in Bezug auf ein Objekt (Ball, Mit-/Gegenspieler) zu bestimmen.	Z.B. „Anbieten und Freilaufen" (Orientierung zum Ball, Gegner, Mitspieler, Raum); „Herauslaufen" des Torwarts (Orientierung im Strafraum zum Ball, zu den Spielern).	Bei Technikübungen, z.B. beim Torschuss, zusätzliche Bewegungsaufgaben, wie Drehungen, Rollen, Überwindung von Hindernissen einbauen.
Reaktionsfähigkeit		
Fähigkeit, auf spezielle Reize mit möglichst kurzer Verzögerung angemessene Aktionen einzuleiten.	Z.B. „abgefälschte Schüsse" verwerten, Reagieren nach Finten, Halten von Schüssen aus nächster Distanz (Torwart), schneller reagieren als der Gegenspieler.	• Sprintwettkampf nach akustischem und/oder optischem Startsignal. • Spielformen mit mehreren Bällen. • Spielformen mit unterschiedlichen Bällen, u.a. mit dem Rugbyball; Torschuss (mit Rücken zum Trainer, Zuruf, Zuwurf, Drehung, Schuss).
Rhythmisierungsfähigkeit		
Fähigkeit, einen eigenen Bewegungsrhythmus zu finden (Spannen und Entspannen der arbeitenden Muskelgruppen).	Z.B. Anlauf zum Schießen und Köpfen, Schrittrhythmus des Torwarts vor dem Sprung zu hohen Bällen, vor dem Hechten, vor dem Abschlag aus der Hand.	• Ausführung von Täuschungsbewegungen. • Dribbelübungen an verschiedenen Slalomparcours. • Häufiges Wiederholen von Finten. • Ballführen links und rechts mit rhythmischem Wechsel.

Die Teilfähigkeiten stehen in engen, sich gegenseitig beeinflussenden Wechselbeziehungen. Dennoch können sie sich auch unabhängig voneinander entwickeln, genauso wie sie übergreifend und auch einzeln trainiert werden können. Allerdings werden nicht alle Teilfähigkeiten in gleicher Weise im Fußballspiel verlangt. Die Gleichgewichts-, Rhythmisierungs- und Differenzierungsfähigkeiten werden sicherlich in einer Sportart wie dem Kunstturnen mehr gefragt sein. Im Fußballspiel liegt der Schwerpunkt des Trainings mehr auf der Verbesserung der Reaktions-, Orientierungs- und Antizipationsfähigkeit. Des Weiteren wird die Fähigkeit des **peripheren Sehens** geschult sowie das richtige Timing beim Abspiel trainiert.

Ziel der Koordinationsschulung: Es soll, mit möglichst wenig eingesetzten Muskeln und möglichst geringem Anspannungsgrad, der jeweils optimale Effekt im Hinblick auf eine optimale Bewegung angestrebt werden. Im Fußballsport besteht das Ziel in einer guten und anpassungsfähigen Beherrschung von Körper und Ball in den verschiedensten Situationen eines Fußballspiels. Darüber hinaus dient die Koordinationsschulung dazu, neue fußballspezifische Bewegungstechniken schneller zu erlernen.

Mit der Verbesserung der koordinativen Fähigkeiten schafft der Trainer die Voraussetzungen für eine Optimierung der technischen Fertigkeiten seiner Spieler. Vor allem die technische Kreativität und Variabilität wird gefördert.

Als Ergebnis wird in der Regel zwischen einer guten
- *allgemeinen koordinativen Fähigkeit,* der **Gewandtheit**, und einer
- *spezifischen koordinativen Fähigkeit,* der **Geschicklichkeit**, unterschieden.

  - **Gewandtheit:** Harmonische, großräumige Bewegungsabfolge, **Alltagsmotorik,** z.B. Spieler beim Laufen, Springen, Hechten, Stürzen.
  - **Geschicklichkeit:** Harmonische, kleinräumige Handlungen, **sportartspezifisch**, z.B. Umgang mit dem Ball: Dribbling, Jonglieren, Ballkontrolle.

Trainingsmittel: Die Übungs- und Spielformen zur koordinativen Schulung können einerseits aus dem Fußballspiel selbst und andererseits aus anderen Sportarten (Forderung nach sportartübergreifendem Training) bestehen.

Bestes Lernalter: Die Vorpubertät und die erste Phase der Frühpubertät (ca. 6-14 Jahre) sind optimal für die Durchführung koordinativer Übungen, aber auch schon im Vorschulbereich haben koordinative Körperbeanspruchungen eine besondere Bedeutung. Insgesamt gesehen nimmt die Qualität der Koordination im Kindes- und Jugendalter stetig zu, um mit 18-20 Jahren ein Maximum erreicht zu haben.

Für das Training der konditionellen Fähigkeiten in den verschiedenen Entwicklungsphasen bedeutet dies, dass im F- und E-Jugend-Alter besonders eine breite koordinative Grundlage geschaffen werden muss (vgl. Tab. 2). Ab der Pubertät sollten dann alle konditionellen Fähigkeiten weiter ausgebaut werden.

	F-Jugend 6-8 Jahre	**E-Jugend** 8-10 Jahre	**D-Jugend** 10-12 Jahre	**C-Jugend** 12-14 Jahre
Ausdauer			🏃	🏃 🏃
Beweglichkeit	🏃	🏃	🏃 🏃 🏃	🏃 🏃 🏃
Koordination				
Anpassungs-/ Umstellungsfähigkeit	🏃 🏃 🏃	🏃 🏃 🏃	🏃 🏃	🏃 🏃
Antizipationsfähigkeit	🏃 🏃 🏃	🏃 🏃 🏃	🏃 🏃	🏃 🏃
Differenzierungsfähigkeit	🏃 🏃 🏃	🏃 🏃 🏃	🏃 🏃	🏃 🏃
Fähigkeit zum Timing	🏃 🏃 🏃	🏃 🏃 🏃	🏃 🏃	🏃 🏃
Gleichgewichtsfähigkeit	🏃 🏃	🏃 🏃	🏃	🏃
Kopplungsfähigkeit	🏃 🏃 🏃	🏃 🏃 🏃	🏃 🏃	🏃 🏃
Orientierungsfähigkeit	🏃 🏃 🏃	🏃 🏃 🏃	🏃 🏃	🏃 🏃
Peripheres Sehen	🏃 🏃 🏃	🏃 🏃 🏃	🏃 🏃	🏃 🏃
Reaktionsfähigkeit	🏃 🏃 🏃	🏃 🏃 🏃	🏃 🏃	🏃 🏃
Rhythmusfähigkeit	🏃 🏃	🏃 🏃	🏃	🏃
Kraft	🏃	🏃	🏃 🏃	🏃 🏃
Schnelligkeit	🏃 🏃 🏃	🏃 🏃 🏃	🏃 🏃	🏃 🏃

Tab. 2: Trainingsinhalte der konditionellen Fähigkeiten in den verschiedenen Entwicklungsphasen (🏃 🏃 🏃 = hohe, 🏃 🏃 = mittlere, 🏃 = geringe Anteile)

Methodische Grundsätze: Beim Training sollten folgende Leitlinien Berücksichtigung finden:

- Nur im ermüdungsfreien Zustand trainieren, d.h. nach dem Aufwärmprogramm.
- Alle Übungs- und Spielformen im höchstmöglichen individuellen Tempo durchführen.
- Die Belastungsdauer pro Übung sollte eine Zeit von 20-30 Sekunden nicht überschreiten.
- Die Anzahl der Wiederholungen hängt vom Grad der optimalen Bewegungsdurchführung ab, d.h., wenn gekonnt, dann abändern!
  - Zunächst unter vereinfachten und dann zunehmend schwierigeren Bedingungen trainieren: Gegner- und Zeitdruck müssen ständig erhöht werden.
- Variationen der Bewegungshandlungen durchführen (vgl. Tab. 3).

Variation der Bewegungsausführung
- Veränderung der Zielfläche und der Schusstechnik:
  - flach/hoch/Mitte/Ecke
  - Innen-/Voll-/Außenspann
- Variation des Krafteinsatzes:
  - leicht/mittel/schwer
  - Lupfball/Vollkraftschuss

Variation von Übungsbedingungen
- Variation von Bällen und Schusswinkeln:
  - leichte/schwere, große/kleine Bälle
  - 11 m/16 m/20 m
  - spitzer/offener Winkel
- Veränderung der Ausgangsposition:
  - ruhender/bewegter Ball
  - nach Dribbling/Flanke/Ballannahme
  - langsam/schnell (Zeiteinschränkung)
  - mit/ohne Gegner (aktiv/passiv)
  - beidseitiges Üben (rechts/links)

u. a. m.

Tab. 3: Variationen von Bewegungshandlungen

- Die Übungen sollten präzise, schnell und rhythmisch durchgeführt werden.
- Übungs-/Spielformen miteinander kombinieren.

- Eine koordinativ-technische Schulung sollte stets auch von einer entsprechenden Beweglichkeitsschulung begleitet werden: Schaffung eines hohen Niveaus von Gelenkflexibilität und elastischer Muskelkraft.
- Möglichst die Übungen differenzieren, d.h. individuelle Erfolgserlebnisse schaffen.
- Ab und zu können auch die Übungs- und Spielformen am Ende des Trainings durchgeführt werden (Ziel ist dabei eine Erhöhung der Konzentrationsfähigkeit im ermüdeten Zustand).

Trainer-/Übungsleiterverhalten: Bei der Durchführung koordinativer Übungs- und Spielformen sollten folgende Gesichtspunkte berücksichtigt werden:

- Schaffung einer positiven Stimmung; es soll Spaß machen.

- Dennoch Spieler zur Konzentration anhalten, fordernd und motivierend wirken.

- Auf eine genaue Bewegungsausführung achten.

- Stets korrigieren.

- Auf ein optimales individuelles Anforderungsniveau achten – jedem sein Erfolgserlebnis schaffen.

- Spielerzentriert arbeiten, Kreativität fördern durch Finden eigener Variationsmöglichkeiten.

- Die Spieler anhalten, auch zu Hause zu üben, Hausaufgaben stellen: Jonglieren, Fangen, Werfen usw.

Peripheres Sehen

Fähigkeit zum Timing

Kopplungsfähigkeit

Gleichgewichtsfähigkeit

Anpassungs- und Umstellungsfähigkeit

Antizipationsfähigkeit

Orientierungsfähigkeit

Rhythmisierungsfähigkeit

Reaktionsfähigkeit

2 PRAXIS DES KOORDINATIONSTRAININGS

A) Schwerpunkt: Technik

Das Leistungsvermögen des Fußballspielers setzt sich, vereinfacht dargestellt, aus vier Grundelementen/Bausteinen zusammen:

- Konditionelle Fähigkeiten
- Taktische Handlungsfähigkeit
- Technische Fertigkeiten
- Psychische Fähigkeiten.

Das Niveau der einzelnen Grundelemente bestimmt die Spielfähigkeit eines Spielers. Erst wenn sich ein Spieler Fähigkeiten, Fertigkeiten und Wissen in allen vier Bereichen angeeignet hat, ist er in der Lage, der Spielidee gemäß zu handeln. Je höher das Können in den einzelnen Grundelementen einzuschätzen ist, desto höher wird das Spielniveau des Spielers sein.

In den beiden folgenden Kapiteln sollen zwei der vier fußballerischen Grundelemente gesondert betrachtet werden, nämlich das der **Technik** und das der **Taktik**.

Technik beschreibt das Idealmodell einer Bewegung und die Realisierung dieser „Idealbewegung" (GROSSER/NEUMAIER 1982). Die „Technik im Fußballspiel bezeichnet all die Bewegungen, die unter Beachtung der Regeln zur Lösung einer bestimmten Aufgabe gewählt werden" (KOLLATH 1991).

Die Technik im Sportspiel Fußball besteht aus drei Bereichen:

Bewegungen ohne Ball
Stehen, Gehen, Traben, Laufen, Sprinten

Bewegungen zum Ball
Springen, Rempeln, Tackling

Bewegungen mit Ball

Dribbling/Finten	Passen
Torschuss	Ballkontrolle
Kopfballspiel	Torwartspiel

In den folgenden Kapiteln werden koordinative Übungs- und Spielformen für die fußballspezifischen Bewegungen mit Ball dargestellt. Einer kurzen Definition der jeweiligen Technik (z.B. „Was ist Passen?") folgt eine Beschreibung verschiedener Anwendungsmöglichkeiten im Spiel (z.B. „Wo kommt Passen im Spiel vor?") und eine Vielzahl von Technikvariationen (z.B. „Auf welche Art und Weise können Pässe ausgeführt werden?").

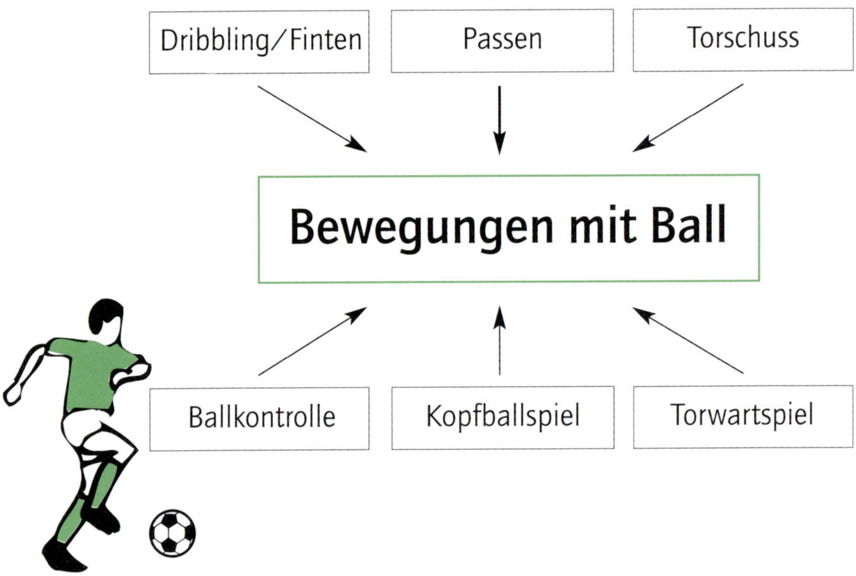

1. Dribbling/Finten

Die Techniken des Dribblings und des Fintierens stellen elementare technische Grundfertigkeiten des Fußballspiels dar, weil sie als Basis für eine Vielzahl weiterer Fußballtechniken gelten.

Zwar geht die Tendenz im oberen Leistungsbereich mehr und mehr in die Richtung, dass das Dribbling als spieldominierende Technik in den Hintergrund gestellt wird (zugunsten eines schnellen Kombinationsspiels), jedoch wird es auch in Zukunft unbedingt erforderlich bleiben, Fußballspielern das unverzichtbare technische Rüstzeug zu vermitteln, wozu an erster Stelle das Dribbling gehört.

Die Technik des Dribblings wird in drei Unterbereiche differenziert:

- Ballhaltendes Dribbling
- Tempodribbling
- Dribbling mit Finten.

Dribbling

Ballhaltendes Dribbling	Tempodribbling	Dribbling mit Finten
• Innenseite • Außenseite • Fußsohle • Fußspitze	• Vollspann • Außenspann • Innenspann	• Körper-/Schrittfinten • Schuss-/Passfinten • Richtungswechselfinten • Tempowechselfinten • Blickfinte

- Ballhaltendes Dribbling

Das ballhaltende Dribbling wird vorwiegend mit der Fußinnenseite ausgeführt. Es dient der Sicherung des Ballbesitzes innerhalb der eigenen Mannschaft. Der Ball wird kontrolliert, ohne dass ein nennenswerter Raumgewinn in Richtung des gegnerischen Tors damit verbunden ist. Diese Art des Dribblings findet z.B. Anwendung, wenn das Spieltempo gesenkt werden soll oder wenn der ballführende Spieler auf Unterstützung durch seine Mitspieler wartet.

- Tempodribbling

Das Tempodribbling, auch raumüberwindendes Dribbling genannt, findet in hoher bzw. in höchster Laufgeschwindigkeit statt. Aufgrund dieser hohen Laufgeschwindigkeit wird der Ball hier hauptsächlich mit dem Fußspann gedribbelt. Das Tempodribbling ist kontrolliert durchführbar und es können größere Distanzen relativ schnell überbrückt werden, wie etwa nach dem Abfangen eines gegnerischen Angriffs und einem anschließenden Konteraufbau.

- Dribbling mit Finten

Das Dribbling mit Finten wird vorwiegend mit der Fußinnenseite, der Fußaußenseite und der Fußsohle ausgeführt. Beim Dribbling mit Finten kommt es zur direkten Konfrontation mit mindestens einem Gegenspieler, der mithilfe einer Dribbling-/Fintentechnik ausgespielt werden soll. Beim Dribbling mit Finten kann der Spieler zahlreiche verschiedene Einzeltechniken anwenden: unterschiedliche Laufgeschwindigkeiten (Tempowechselfinten), Körperfinten, Schrittfinten, Schuss- und Passfinten sowie Richtungswechselfinten und Blickfinten.

- Körper-/Schrittfinten
  Durch Oberkörperverlagerung oder Schrittbewegung eine bestimmte Bewegungsrichtung antäuschen und nach Gegnerreaktion in die entgegengesetzte Richtung fortsetzen (Matthews-Trick, Übersteiger einfach/doppelt/Außenseite/Innenseite, Beckenbauer-Drehung, Lokomotive/Leo, Sohlentrick).

- Schuss-/Passfinte
  Spieler am Ball täuscht einen Schuss oder Pass an und dribbelt den Ball nach der Gegnerreaktion am falschen Fuß des Gegners (Standbein) vorbei.

- Richtungswechselfinte
  Spieler am Ball wechselt in unregelmäßigen Abständen plötzlich die Laufrichtung.

- Tempowechselfinte
  Spieler am Ball verzögert kurzzeitig seinen Lauf, um dann plötzlich schnell am Gegner vorbei anzutreten.

- Blickfinte
  Spieler am Ball täuscht seinen Gegenspieler durch einen Blick in eine Richtung und startet dann in die entgegengesetzte Richtung.

Hinweise zur Ausführung

- Blick vom Ball lösen und ungefähr 3m vor dem Ball auf den Boden richten (peripheres Blickfeld mit Ball und Gegen-/Mitspieler).

- Enge Ballführung, das heißt, den Ball beim Dribbling möglichst häufig (bei jedem Vorwärtsschritt mit dem Fuß des Führungsbeins) berühren.

- Der Körper muss zwischen Ball und Gegner gebracht werden, sodass der Ball abgeschirmt werden kann.

- Die Finten müssen bewusst eingesetzt werden. Reagiert der Gegner auf die Finte, muss dieser mit schnellem Antritt auf der Standbeinseite überspielt werden.

Trainingsformen zum „Dribbling/Finten"

a) Stangenlauf/-dribbling

Geräte

Acht Stangen, vier Hütchen, ein Ball pro Spieler.

Aufbau

Vor zwei nebeneinander stehenden Starthütchen (Abstand: 3 m) liegen in einem Abstand von 3 m vier Stangen quer hintereinander (Stangenabstand 0,5 m). 1,5 m links bzw. rechts außen steht neben den Stangen ein weiteres Hütchen. Der Trainer stellt sich in 4 m Entfernung mittig hinter die Stangen als *Abschlagposten*. Die Spieler stehen in gleich großen Gruppen an den Starthütchen.

A

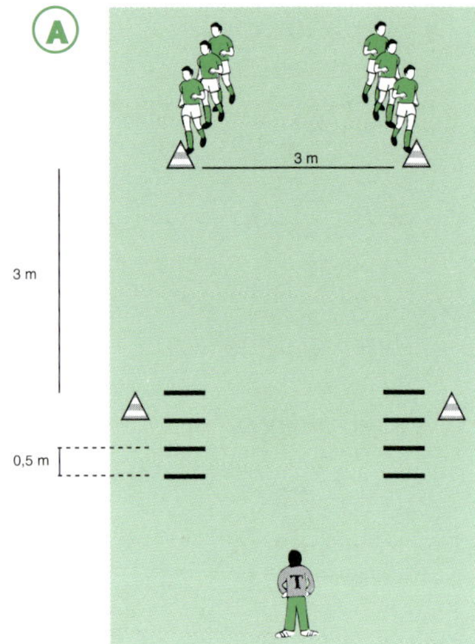

1

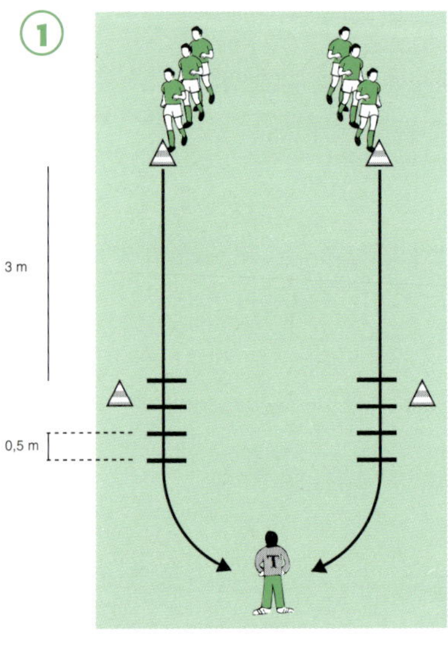

Ablauf

Übungen ohne Ball

Übung 1:
Auf ein Trainerzeichen (akustisch/optisch) startet der jeweils erste Spieler am Starthütchen zum Lauf über die Stangen zum Trainer und schlägt bei diesem ab. In jedem Stangenzwischenraum sollen die Spieler mit jeweils einem Fuß einen Bodenkontakt haben.

Übung 2:

Wie Übung 1, nur nun laufen die Spieler nicht mehr gerade über die Stangen, sondern nach dem Start schräg zur Seite und über die Stangen des Partners zum Trainer (Seitenwechsel, Orientierung).

2

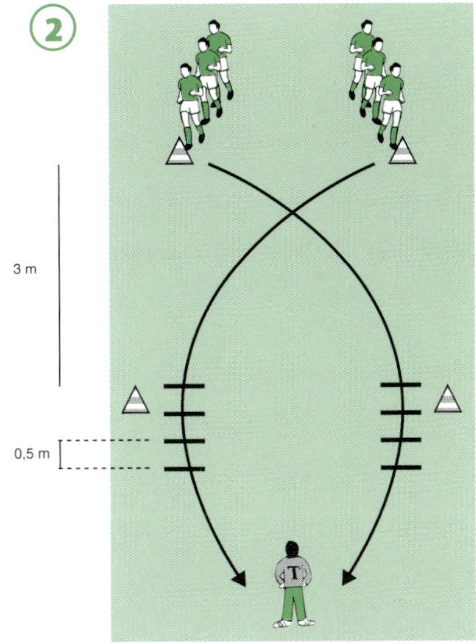

3

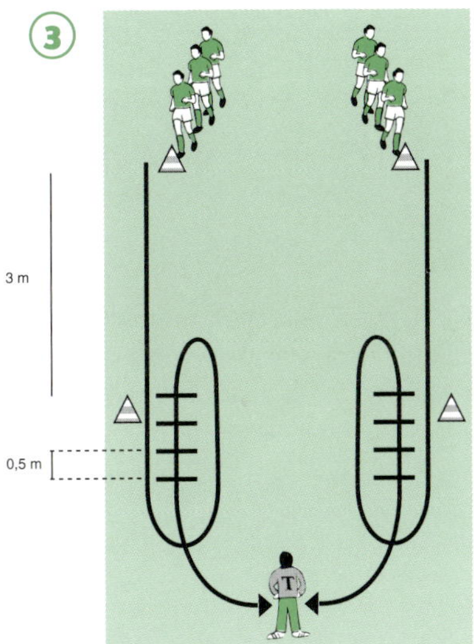

Übung 3:

Die Spieler laufen nach dem Start einmal um die Stangen ihrer Seite herum und dann gerade darüber zum Trainer.

4

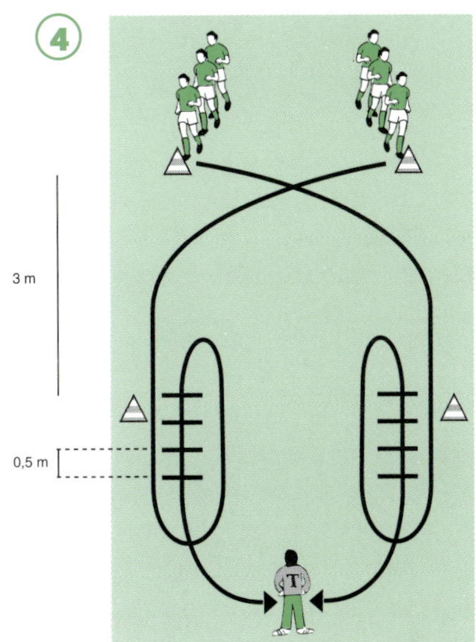

Übung 4:

Wie Übung 3, nur nun laufen die Spieler nach dem Start um die Stangen der anderen Seite herum und dann über diese zum Trainer (Seitenwechsel, Orientierung).

Übung 5:

Die Spieler laufen nach dem Start im Slalom durch die Stangen zum Trainer.

Übung 6:

Wie Übung 5, nur nun laufen die Spieler im Slalom durch die Stangen der anderen Seite zum Trainer (Seitenwechsel, Orientierung).

6

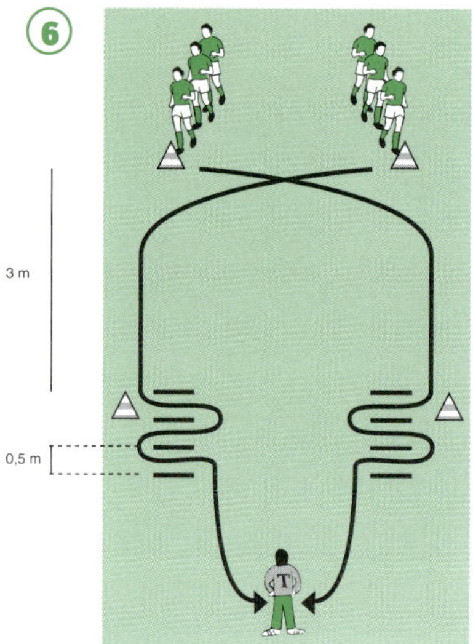

Übung 8:

Wie Übung 1-7, nur nun verkleinert/vergrößert der Trainer seinen Abstand zu den Stangen, sodass sich die Länge der Laufstrecken ändert.

Übungen mit Ball

Übung 9:

Die Spieler dribbeln nach dem Start den Ball einmal um die Stangen herum, legen den Ball am äußeren Markierungshütchen ab und laufen gerade über die Stangen zum Trainer.

5

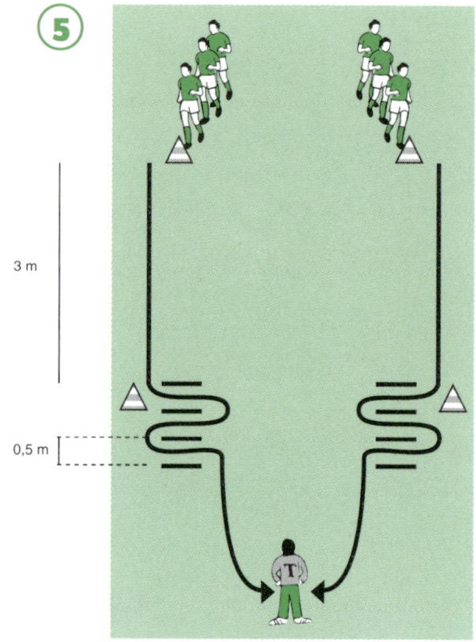

Übung 7:

Wie Übung 1-6, nur nun weisen die Stangen unterschiedlich große Zwischenräume auf.

9

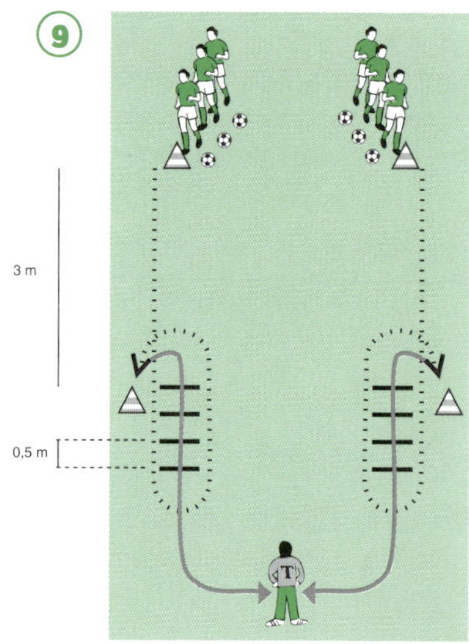

Übung 10:
Wie Übung 9, nur nun dribbeln die Spieler nach dem Start um die Stangen des Partners herum, legen den Ball am Markierungshütchen ab und laufen gerade über die Stangen zum Trainer (Seitenwechsel, Orientierung).

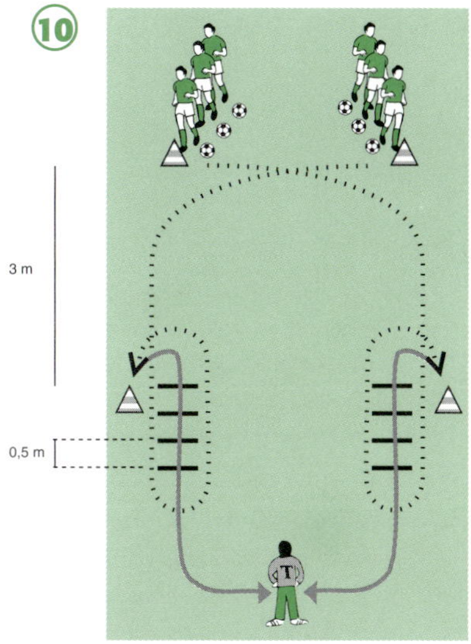

Übung 11:
Die Spieler dribbeln im Slalom durch die Stangen, legen den Ball am Markierungshütchen ab und laufen gerade über die Stangen zum Trainer.

Übung 12:
Wie Übung 11, nur durchdribbeln die Spieler nun die Stangen des Partners, legen den Ball am Markierungshütchen ab und laufen gerade über die Stangen zum Trainer (Seitenwechsel, Orientierung).

Trainingshinweise

- Weitere Variationen der Übungs-/Spielform können durch Veränderungen der Lauf- und Dribbelwege (oder verschiedene Kombinationen der Lauf- und Dribbelwege) erreicht werden.
- Startvariationen einbauen: Drehungen, Sprünge, Rollen beim Start.
- Übungsspielform als Wettkampf ausführen: Wer schlägt als Erster beim Trainer ab?

b) Hütchendribbling

Geräte

Sechs Hütchen, ein Ball pro Spieler.

Aufbau

Vor zwei nebeneinander stehenden Starthütchen (Abstand: 5 m) markieren in einem Abstand von 2 m vier weitere Hütchen ein Dribbelfeld mit einer Seitenlänge von 5 m. Der Trainer stellt sich in 4 m Entfernung mittig hinter dem Dribbelfeld als *Abschlagposten* auf. Die Spieler stehen in gleich großen Gruppen an den Starthütchen.

A

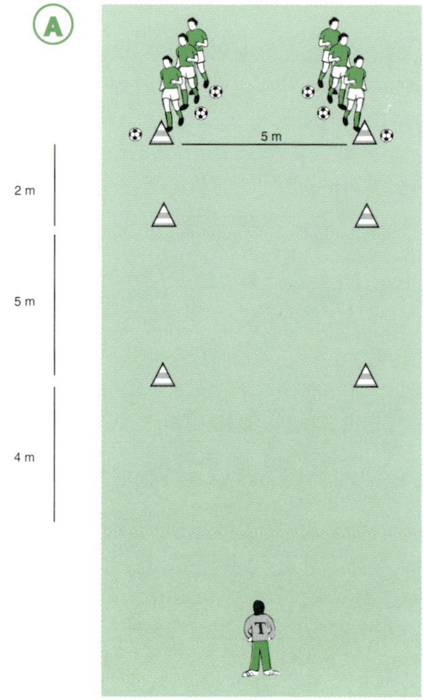

1

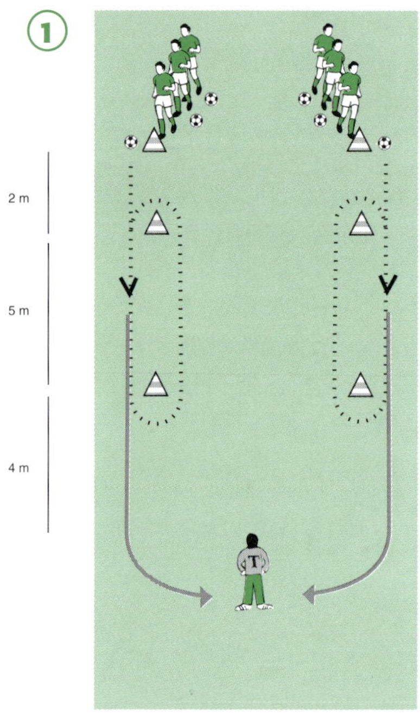

Ablauf

Übung 1:
Die jeweils ersten Spieler dribbeln den Ball im Rundlauf gerade um die beiden Hütchen vor ihrem Startpunkt. Auf ein Trainerzeichen (akustisch/optisch) lassen die Spieler den Ball liegen und starten im Sprint zum Trainer und schlagen bei diesem ab.

Übung 2:

Wie Übung 1, nur nun dribbeln die Spieler den Ball im Rundlauf diagonal um die Hütchen, sodass sie sich ständig kreuzen (Orientierung zum Ball und zum Gegner).

Übung 3:

Wie Übung 1, nur nun dribbeln die Spieler den Ball im Rundlauf um alle vier Hütchen des Dribbelfeldes herum, wobei ein Spieler linksherum, der andere rechtsherum läuft. So begegnen sich die Spieler beim Dribbling regelmäßig (Orientierung zum Ball und zum Gegner).

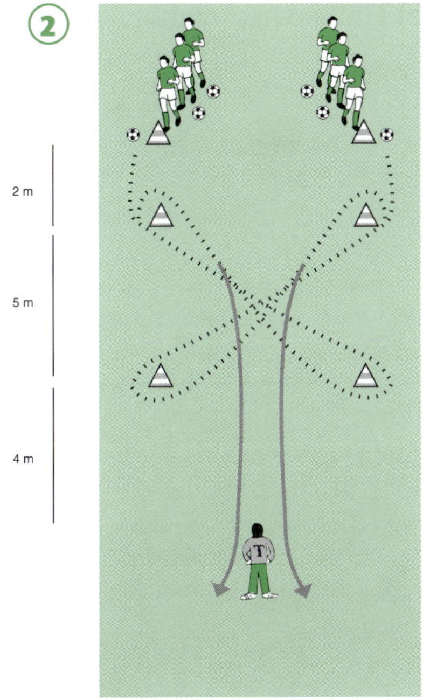

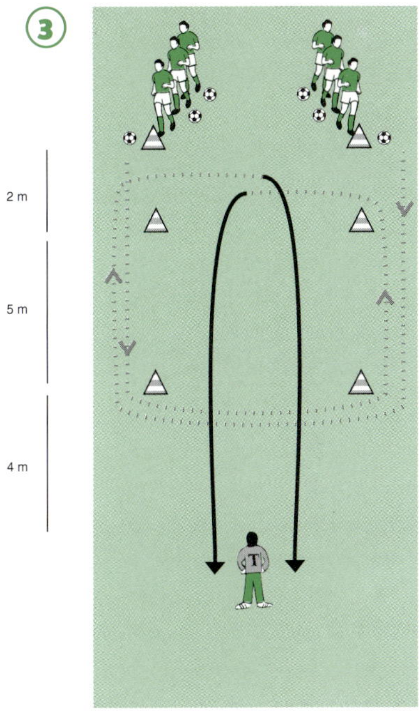

Trainingshinweise

- Weitere Variationen der Übungs-/Spielform können durch Zusatzaufgaben nach dem Trainerzeichen (Drehungen, Sprünge, Rollen) erreicht werden.
- Übungs-/Spielform als Wettkampf ausführen: Wer schlägt als Erster beim Trainer ab?

c) Slalomlauf/-dribbling

Geräte

Acht Slalomstangen, zwei Hütchen, ein Ball pro Spieler.

Aufbau

Zwei Starthütchen stehen in einem Abstand von 3 m nebeneinander. Vor jedem Starthütchen ist in einem Abstand von 2 m mit jeweils vier Slalomstangen ein Slalomparcours markiert (Abstand der einzelnen Slalomstangen: 1,5 m). Die Spieler stehen in gleich großen Gruppen an den Starthütchen.

A

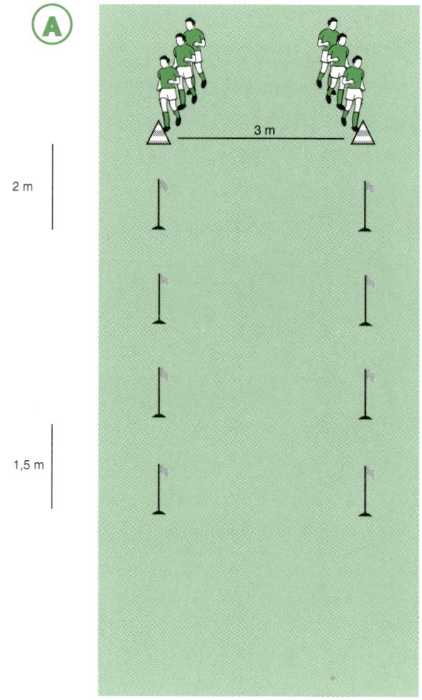

1

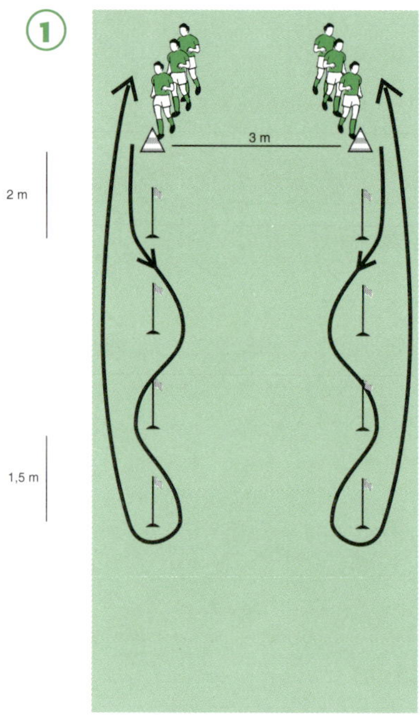

Ablauf

Übungen ohne Ball – Slalomlauf

Übung 1:
Die Spieler durchlaufen den Slalomparcours und kehren außen herum zum Ausgangspunkt zurück.

Übung 2:
Die Spieler durchlaufen den Slalomparcours, fügen nun auf ein Trainerzeichen (akustisch/optisch) hin aber verschiedene Bewegungen in den Lauf ein: Drehung > Slalomlauf fortsetzen, Sprung > Slalomlauf fortsetzen, Rolle > Slalomlauf fortsetzen. Die Spieler kehren außen herum zum Ausgangspunkt zurück.

Übung 3:
Wie Übung 1, nur nun laufen die Spieler nicht außen herum zurück, sondern durchlaufen den Slalom der anderen Seite ebenfalls, sodass sie am anderen Starthütchen enden (Orientierung zu den Stangen und zum Partner).

③

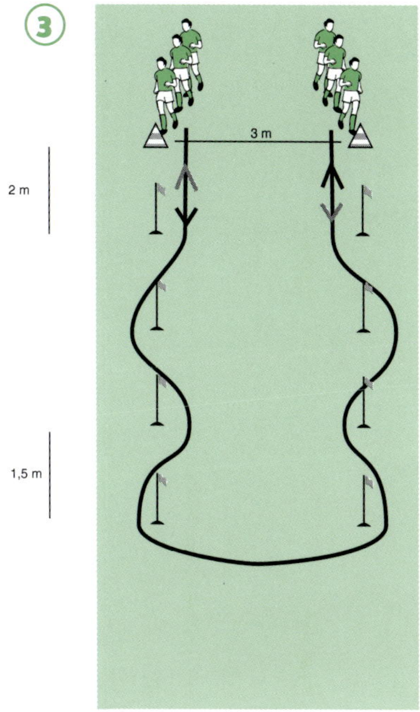

④

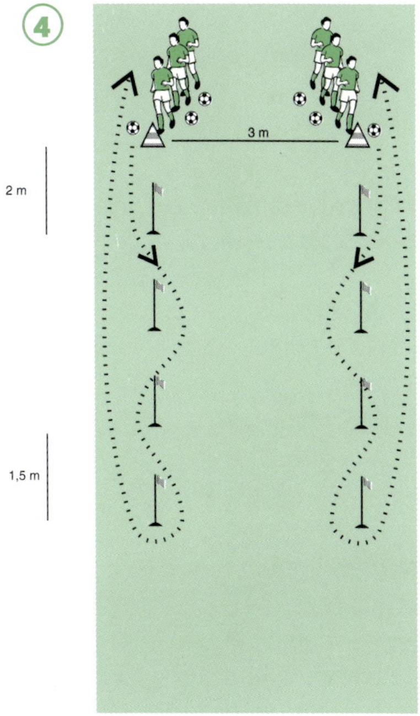

Übungen mit Ball – Slalomdribbling

Übung 4:
Die Spieler durchdribbeln den Slalomparcours und dribbeln außen herum zum Ausgangspunkt zurück.

Übung 5:
Die Spieler durchdribbeln den Slalomparcours und müssen auf ein Trainerzeichen (akustisch/optisch) hin die nächste Slalomstange einmal komplett umdribbeln. Dann setzen die Spieler das Slalomdribbling fort und dribbeln außen herum zum Ausgangspunkt zurück.

6

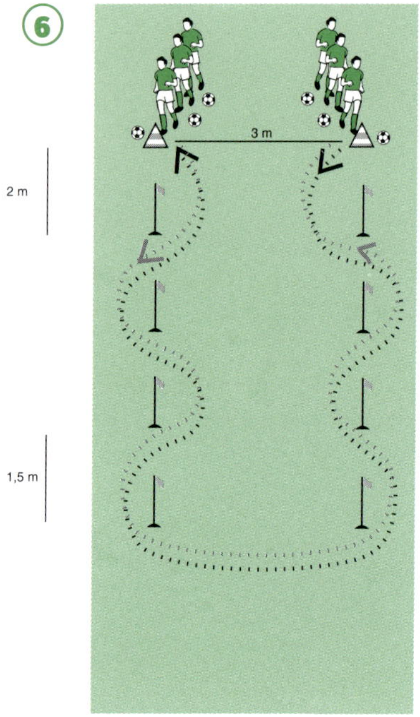

Übung 6:
Wie Übung 4, nur nun laufen die Spieler nicht außen herum zurück, sondern durchdribbeln den Slalom der anderen Seite ebenfalls, sodass sie am anderen Starthütchen enden (Orientierung zu den Stangen, zum Ball und zum Partner).

Trainingshinweise

- Alle Übungs-/Spielformen lassen sich derart variieren, dass die Spieler schon beim Start die Seite wechseln und durch den Slalomparcours vor dem anderen Starthütchen laufen/dribbeln.
- Blickschulung: Beim Durchlaufen und Durchdribbeln der Stangen auf den Ball und die anderen Spieler achten, denen man begegnet. Es soll keine Zusammenstöße und Ballverluste geben.

d) Minipyramide

Geräte

Sechs Slalomstangen, zwei Hütchen, ein Ball pro Spieler.

Aufbau

Zwei Starthütchen werden in einem Abstand von 5 m nebeneinander aufgebaut. 3 m vor jedem Starthütchen stehen drei Slalomstangen (Stangenabstand: 1,5 m) nebeneinander. Die Spieler stehen in gleich großen Gruppen an den Starthütchen.

A

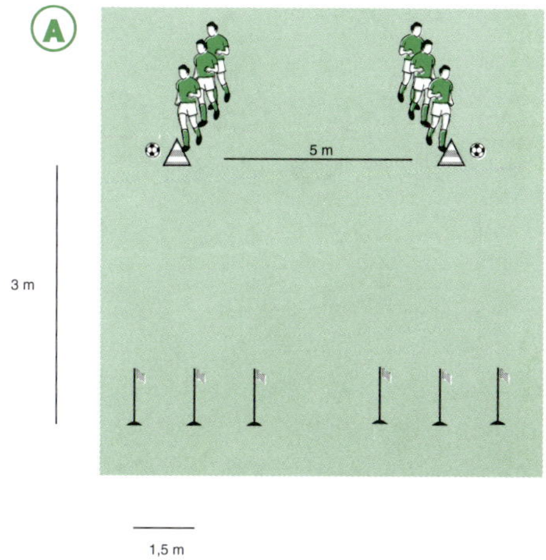

Ablauf

Übungen ohne Ball

Übung 1:
Die Spieler laufen vom Starthütchen aus im Slalom durch die drei Stangen und wieder zum Ausgangspunkt zurück. Befindet sich der erste Spieler an der mittleren Stange des Slaloms, startet der nächste Spieler zum Lauf.

Übung 2:
Wie Übung 1, nur nun umlaufen die Spieler die mittlere Stange des Stangenslaloms mit kleinen, schnellen Schritten einmal komplett.

1

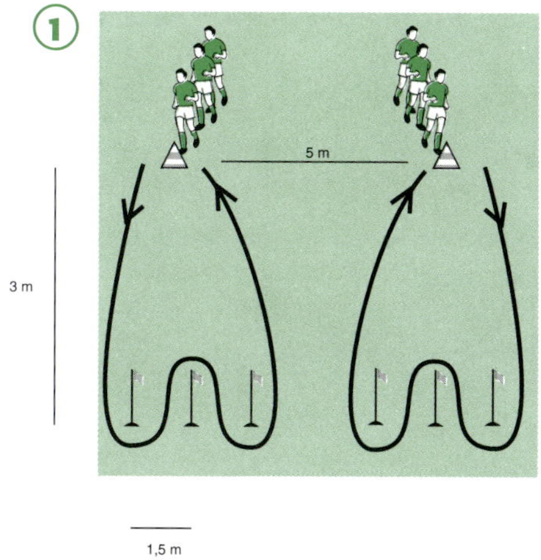

3

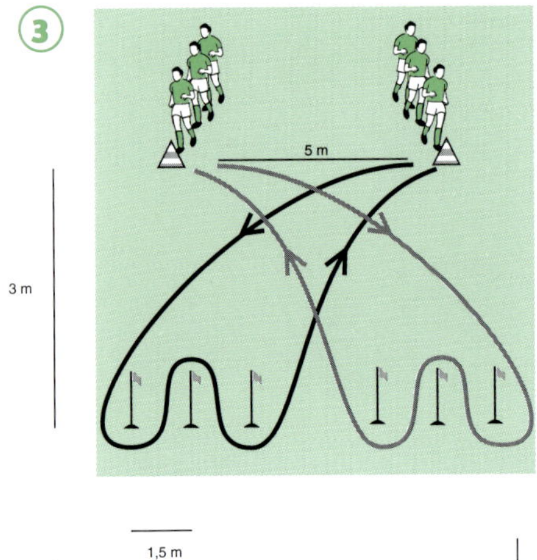

Übung 3:
Wie Übung 1, nur nun durchlaufen die Spieler nicht den Stangenslalom vor dem eigenen Starthütchen, sondern kreuzen zum Stangenslalom der anderen Seite und durchlaufen diesen. Anschließend kreuzen die Spieler zum eigenen Starthütchen zurück.

Übung 4:
Wie Übung 3, nur nun durchlaufen die Spieler alle sechs Stangen des Stangenslaloms und kehren auf diesem Weg zum eigenen Starthütchen zurück.

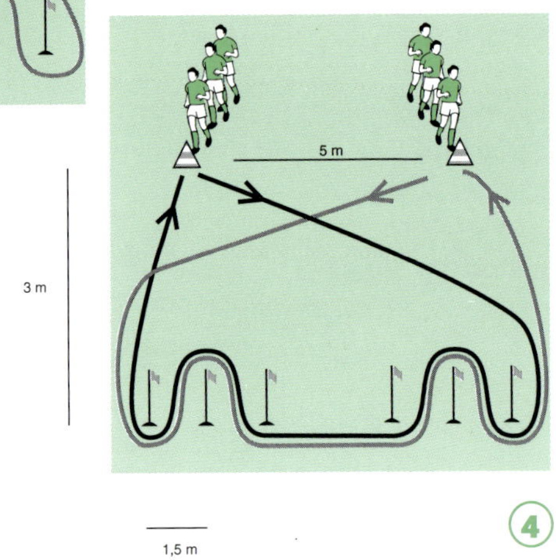

4

Übungen mit Ball

Übung 5:
Die Spieler dribbeln den Ball vom Starthütchen aus im Slalom durch die drei Stangen und wieder zum Ausgangspunkt zurück. Befindet sich der erste Spieler an der mittleren Stange, startet der nächste Spieler zum Dribbling.

Übung 6:
Wie Übung 5, nur nun umdribbeln die Spieler die mittlere Stange des Stangenslaloms einmal komplett.

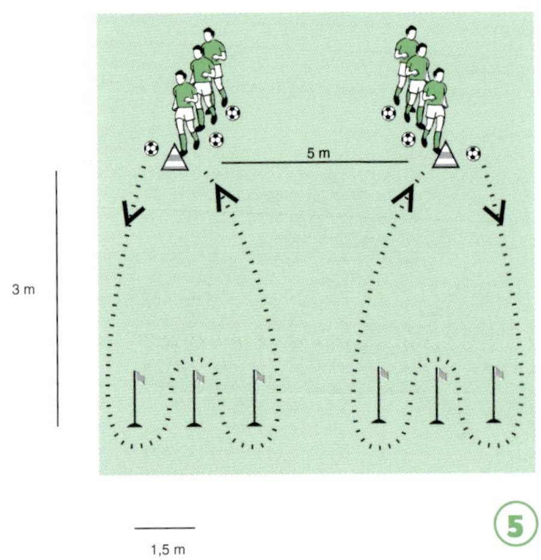

5

Übung 7:
Wie Übung 5, nur nun durchdribbeln die Spieler nicht den Stangenslalom vor dem eigenen Starthütchen, sondern kreuzen zum Stangenslalom der anderen Seite und durchdribbeln diesen. Anschließend kreuzen die Spieler zum eigenen Starthütchen zurück.

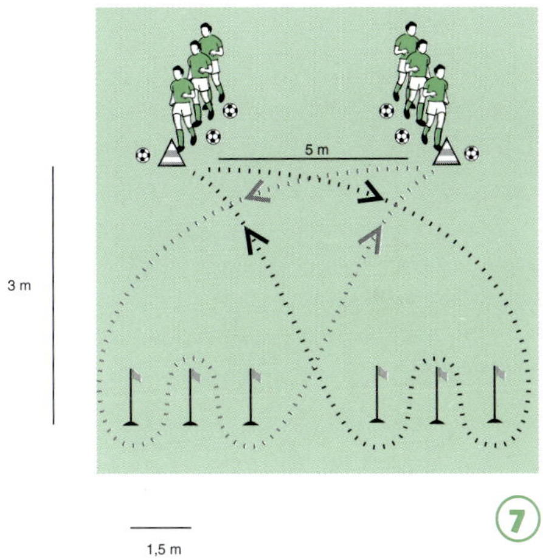

Übung 8:
Wie Übung 7, nur nun durchdribbeln die Spieler alle sechs Stangen des Stangenslaloms und kehren auf diesem Weg zum eigenen Starthütchen zurück.

Übung 9:
Wie Übung 8, nur nun führen die Spieler im Zwischenraum zwischen den beiden Stangenslaloms eine Finte aus.

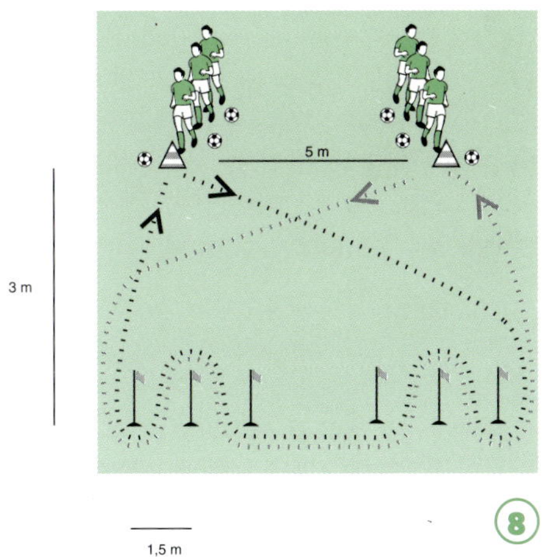

Trainingshinweis

- Blickschulung: Beim Durchlaufen und Durchdribbeln der Stangen auf den Ball und die anderen Spieler achten, denen man begegnet. Es soll keine Zusammenstöße und Ballverluste geben.

2. Passen

Beim Pass wird der Spielball von einem Spieler zum anderen gespielt. Pässe in verschiedensten Variationen sind die Basis für ein modern interpretiertes Fußballspiel, das sich durch schnelles und sicheres Kombinationsspiel und einen relativ geringen Anteil von Dribblings auszeichnet. Besonders im mittleren und oberen Leistungsbereich macht sich die Tendenz zu weniger Ballkontakten des einzelnen Spielers immer deutlicher bemerkbar.

Pässe werden hauptsächlich mit dem Innenseitstoß gespielt. Darüber hinaus können Pässe auch mit dem Vollspannstoß, dem Innen-/Außenspannstoß und verschiedenen Stoßvarianten (Ferse, Spitze, Dropkick, Hüftdrehstoß oder Fallrückzieher) ausgeführt werden.

Der Pass mit der Innenseite wird vorwiegend bei kurzen Passwegen angewendet; er soll weniger fest, dafür sehr präzise ausgeführt werden. Er stellt die am häufigsten genutzte Passtechnik dar und wird vorwiegend im kontrollierten Spielaufbau, bei der Spielverlagerung oder etwa beim Doppelpass benutzt.

Größere Entfernungen werden hauptsächlich mit Vollspannstößen überbrückt, da diese Technik sehr hohe Ballgeschwindigkeiten ermöglicht. Genutzt werden Pässe mit dem Vollspann häufig bei der Einleitung von Konterangriffen, bei der Spielverlagerung auf die gerade nicht genutzte Spielfeldseite oder etwa bei Torhüterabstößen. Dosiert ausgeführt ist der Vollspannstoß auch über mittlere und kurze Entfernungen einsetzbar.

Im Bereich der mittleren Entfernungen kommt sehr häufig der Pass mit dem Innen- bzw. mit dem Außenspann zur Anwendung. Da der Ball bei dieser Passtechnik etwas seitlich unterhalb des Ballzentrums gespielt wird, können diese Pässe mit Drall (Effet) gespielt werden. Mit dieser Technik kann z.B. um Gegenspieler herum gepasst werden, was bei Freistößen, Eckstößen oder Spielverlagerungen Vorteile verschafft.

Phasen des Innenseitstoßes

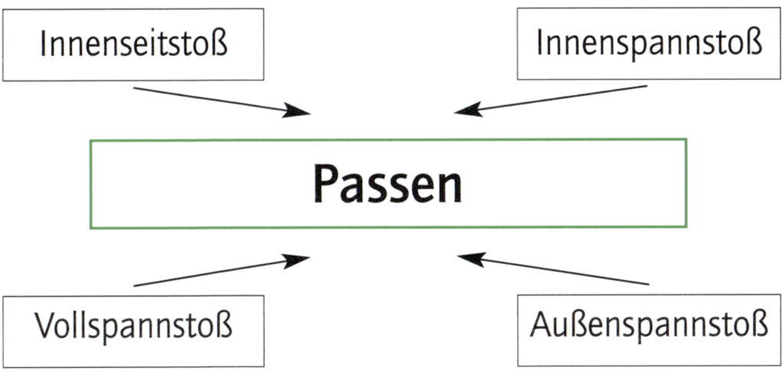

- Innenseitstoß
  Die Innenseite des Fußes bildet die Trefffläche. Der Spielfuß wird durch Anziehen der Fußspitze zum Schienbein fixiert. Der Standfuß steht eine Fußbreite neben dem Ball.

- Innenspannstoß
  Die Innenseite des Fußspanns bildet die Trefffläche. Der Spielfuß muss fixiert werden und das Spielbein muss nach dem Treffen des Balls vor dem Standbein ausschwingen.

- Vollspannstoß
  Der Fußspann bildet die Trefffläche. Der Spielfuß ist durch die Streckung des Fußes in Richtung Boden fixiert. Das Spielbein schwingt nach dem Pass/Schuss nach vorne/aufwärts aus.

- Außenspannstoß
  Die Außenseite des Fußspanns bildet die Trefffläche. Der Spielfuß ist innenrotiert und in mäßiger Beugung fixiert. Das Spielbein schwingt nach vorne seitwärts aus.

Trainingsformen zum „Passen"

a) Passspiel – Sprint

Geräte

Sechs Hütchen, ein Ball pro Spielerpaar.

Aufbau

Vor zwei Starthütchen (Abstand 5 m) wird in einem Abstand von 4 m mit vier Hütchen ein Feld von 5 x 2 m markiert. Der Trainer steht in 6 m Entfernung mittig hinter dem Feld als *Abschlagposten*.

Ⓐ

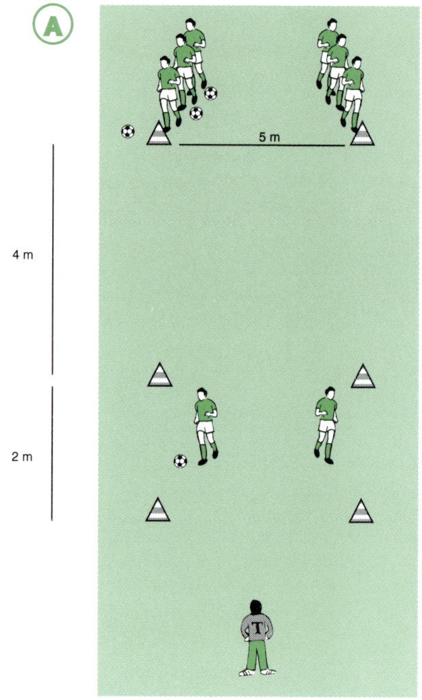

①

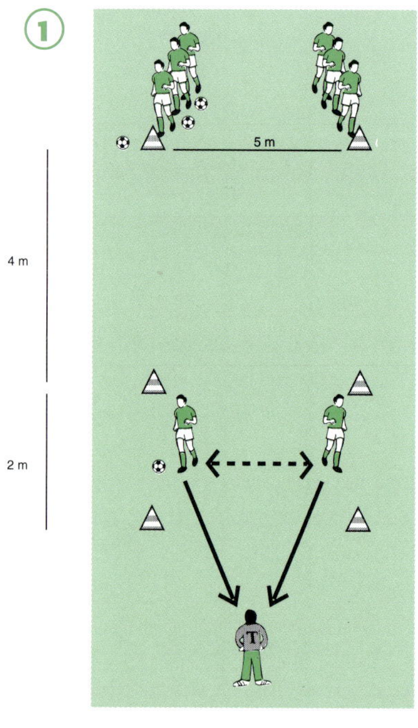

Ablauf

Zwei Spieler stehen sich im Feld mit einem Ball gegenüber und passen sich diesen möglichst direkt zu. Die anderen Spieler warten in zwei gleich großen Gruppen aufgeteilt an den Starthütchen.

Übung 1:
Auf ein Trainerzeichen (akustisch/optisch) hin lassen die Spieler den Ball rollen, sprinten zum Trainer und schlagen bei diesem ab.

Übung 2:
Wie Übung 1, nur nun fügen die Spieler vor dem Sprint zum Trainer eine Zusatzbewegung ein (Drehung, Kopfballimitation, Rolle, Lauf um Hütchen).

Übung 3:
An den vorderen Hütchen des markierten Feldes steht jeweils ein Spieler, der sich mit dem ersten Spieler am Starthütchen einen Ball möglichst direkt zuspielt. Auf ein Trainerzeichen (akustisch/optisch) hin lassen die Spieler im Hütchenfeld den Ball rollen, drehen sich, sprinten zum Trainer und schlagen bei diesem ab.

Übung 4:
Wie Übung 3, nur nun fügen die Spieler vor dem Sprint zum Trainer eine Zusatzbewegung ein (Drehung, Kopfballimitation, Rolle, Lauf um Hütchen).

3

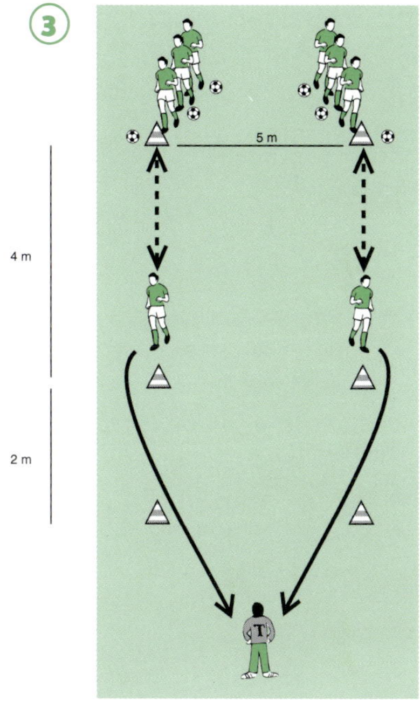

Trainingshinweise

- Bei höherem Leistungsniveau können die Übungen auch mit zwei Bällen gleichzeitig ausgeführt werden (Rhythmusschulung: Bälle gleichzeitig/im gleichen Rhythmus spielen).
- Das Direktspiel nur dann ausführen, wenn es nach dem Anspiel technisch lösbar ist; sonst den Ball kurz stoppen.
- Bei allen Übungs-/Spielformen kann der Trainer seinen Abstand zum Hütchenfeld verkleinern oder vergrößern, sodass die Spieler jeweils verschieden lange Strecken zu durchlaufen haben.
- Übungs-/Spielform als Wettkampf ausführen: Wer schlägt als Erster beim Trainer ab?

b) Doppelpass – Sprint

Geräte

Sieben Hütchen, zwei Hürden, ein Ball pro Spielerpaar.

Aufbau

Vor zwei nebeneinander stehenden Starthütchen (Abstand 5 m) werden in einem Abstand von 3 m fünf Hütchen mittig hintereinander mit einem Zwischenraum von 1,5 m aufgestellt, sodass sich vier Hütchentore ergeben.

1

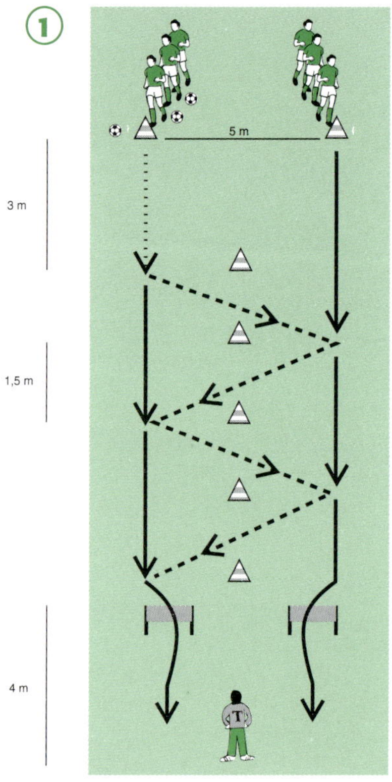

A

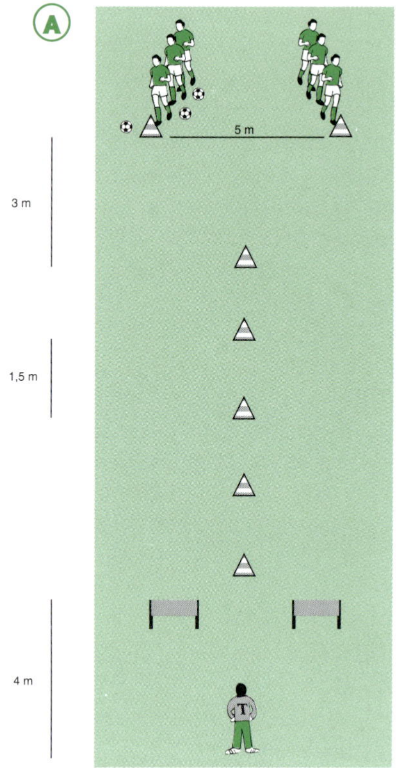

Hinter dem letzten Hütchen steht an jeder Seite eine Hürde. Der Trainer steht mittig in 4 m Entfernung hinter den Hürden. Die Spieler teilen sich in Paare auf und stellen sich gleichmäßig verteilt an den Starthütchen auf.

Ablauf

Übung 1:

Das jeweils erste Spielerpaar passt sich den Ball durch die Hütchentore möglichst direkt zu. Nach dem letzten gespielten Pass sprinten die Spieler über die Hürde zum Trainer und schlagen bei diesem ab.

Übung 2:
Wie Übung 1, nur nun führen die Spieler nach dem letzten gespielten Pass eine Zusatzbewegung (Drehung, Kopfballimitation, Rolle) aus. Dann sprinten sie über die Hürde zum Trainer und schlagen bei diesem ab.

Übung 3:
Wie Übung 1, nur nun spielen die Spieler an jedem Hütchentor einen Doppelpass.

Übung 4:
Wie Übung 3, nur nun führen die Spieler nach dem letzten gespielten Pass eine Zusatzbewegung (Drehung, Kopfballimitation, Rolle) aus.

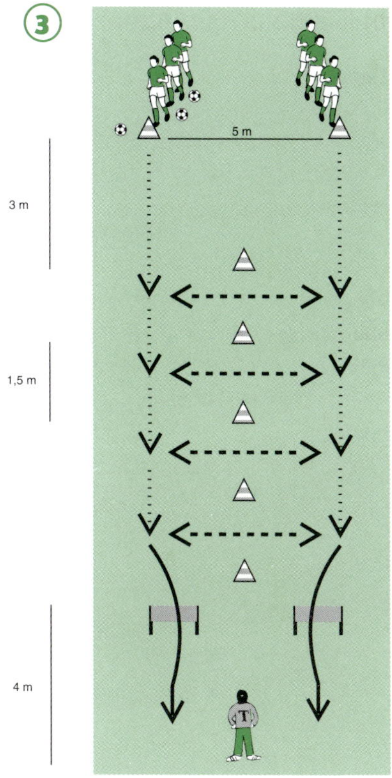

Trainingshinweise

- Das Passspiel soll ohne Zeitdruck technisch korrekt ausgeführt werden. Erst nach dem letzten gespielten Pass müssen die Spieler schnell agieren.
- Das Direktspiel nur dann ausführen, wenn es nach dem Anspiel technisch lösbar ist; sonst den Ball kurz stoppen.
- Bei allen Übungs-/Spielformen kann der Trainer seinen Abstand zum Hütchenfeld verkleinern oder vergrößern, sodass die Spieler jeweils verschieden lange Strecken zu durchlaufen haben.
- Die Hütchentore können vergrößert (Erleichterung der Übung) und verkleinert (Erschwerung der Übung) werden.
- Die Übungs-/Spielform kann auch ohne die beiden Hürden ausgeführt werden. Die Spieler sprinten dann nach dem letzten Pass auf geradem Weg zum Trainer.
- Übungs-/Spielform als Wettkampf ausführen: Wer schlägt als Erster beim Trainer ab?

c) Passspiel – Rundlauf

Geräte

Vier Hütchen, vier Stangen, ein Ball pro Gruppe.

Aufbau

Mit jeweils zwei Hütchen werden zwei Hütchentore (Durchmesser: 2,5 m) in einem Abstand von 10 m gegenüber aufgebaut. Auf einer Seite neben den Hütchentoren werden vier Stangen quer hintereinander gelegt (Stangenabstand: 0,5 m). Die Spieler stehen in gleich großen Gruppen hintereinander in den Hütchentoren, wobei der erste Spieler einer Gruppe den Ball hat.

A

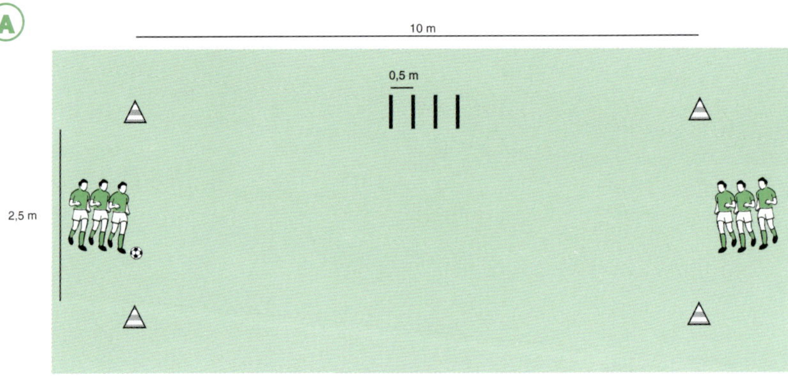

Ablauf

Übung 1:
Die Spieler spielen sich den Ball möglichst direkt zu und wechseln nach jedem Pass außen rechtsherum die Seite. Beim Stangenlauf überlaufen die Spieler die Stangen, indem sie einen Bodenkontakt mit jeweils einem Fuß pro Zwischenraum haben. Auf der anderen Seite wechseln die Spieler die Seite im geraden Lauf.

Übung 2:
Wie Übung 1, nur nun werden die Läufe beim Seitenwechsel variiert. Die Stangen werden nun im Slalom durchlaufen oder einmal umrundet und dann überlaufen. In den geraden Lauf fügen die Spieler Zusatzbewegungen (Drehungen, Kopfballimitationen im Sprung, Rolle) ein.

①

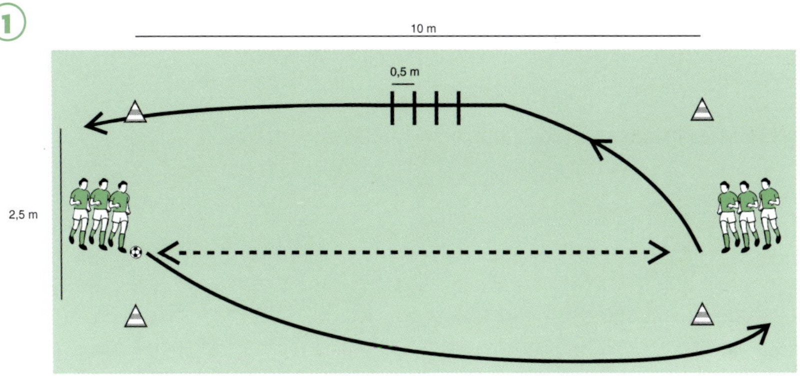

Übung 3:
Wie Übung 1, nur nun wird das Passspiel variiert:

- Die Bälle werden zugeworfen.
- Bei der Gruppe einer Seite hat jeder Spieler einen Ball. Nach dem Pass laufen die Spieler unter vorgegebenen Aufgaben über die Stangen. Die Spieler der anderen Seite nehmen den Ball an und mit und dribbeln diesen zur anderen Seite.

Trainingshinweis

- Das Direktspiel nur dann ausführen, wenn es nach dem Anspiel technisch lösbar ist; sonst den Ball kurz stoppen.

d) Pass – Timing

Geräte

Sechs Slalomstangen, sieben Hütchen, ein Ball pro Spieler.

Aufbau

Vor einem Starthütchen ist in einem Abstand von 3 m mit sechs Slalomstangen ein versetzter Slalomparcours (Stangenabstand gerade und seitlich jeweils 1,5 m) aufgebaut. Seitlich versetzt hinter dem Stangenslalom ist mit vier Hütchen ein Hütchenfeld (Durchmesser: 3 m) markiert. 10 m hinter dem Hütchenfeld ist ein Hütchentor (Durchmesser: 3 m) markiert. Die Spieler stehen am Starthütchen.

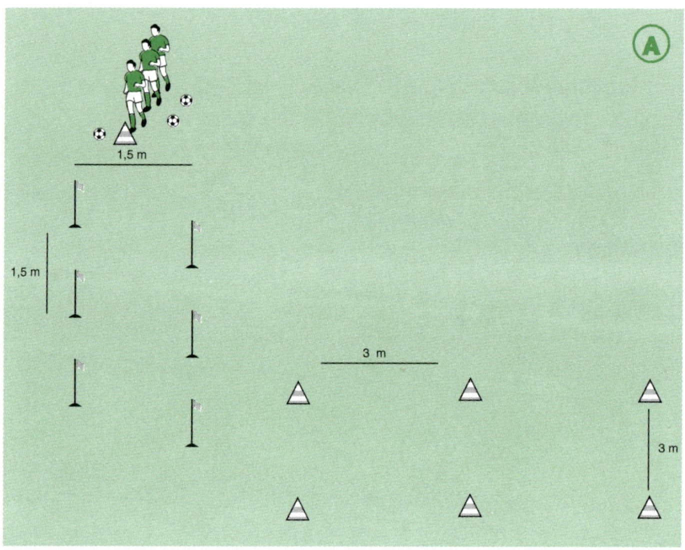

Ablauf

Übung 1:
Die Spieler durchdribbeln den Stangenslalom. Dann durchdribbeln sie das Hütchenfeld, indem sie um zwei Hütchen in Form einer Acht dribbeln. Anschließend passen die Spieler den Ball ins Hütchentor und starten ihrem Pass im Sprint durch das Hütchentor nach.

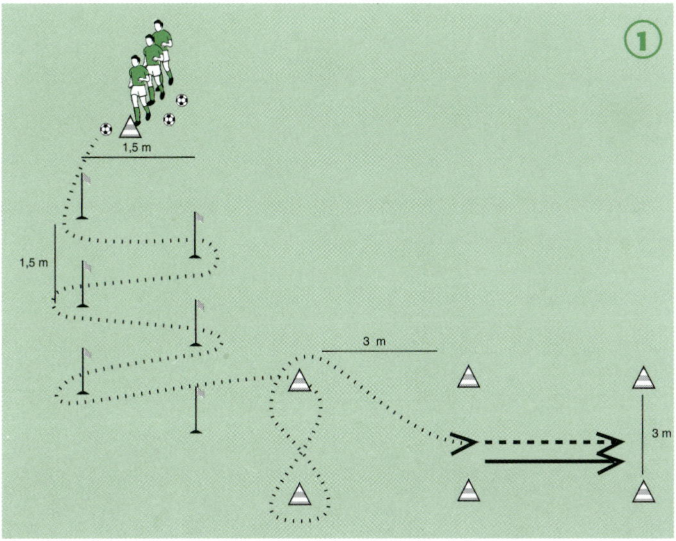

Übung 2:

Die Spieler legen sich den Ball in der Mitte durch den Stangenslalom per Selbstvorlage vor und durchlaufen den Stangenslalom ohne Ball. Dann legen sich die Spieler (wenn möglich direkt) den Ball durch das Hütchenfeld erneut vor und spie-

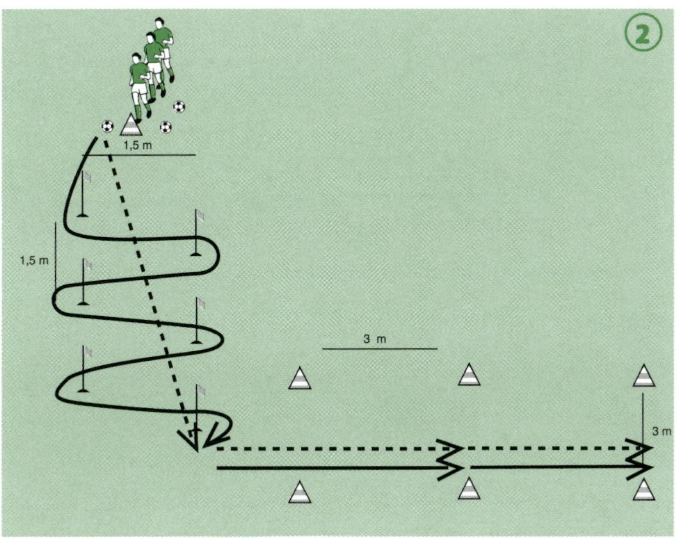

len einen Pass durch das Hütchentor. Diesem Pass starten die Spieler im Sprint hinterher (zur Erschwernis kann das Hütchentor auch seitlich zum Hütchenfeld aufgestellt werden, sodass die Spieler direkt aus der Drehung auf das Tor passen müssen).

Übung 3:

Wie Übung 2, nur nun führen die Spieler vor jeder Selbstvorlage eine Zusatzbewegung (Drehung, Rolle, Sprung) aus.

Übung 4:

Wie Übung 2, nur nun steht hinter dem Stangenslalom und hinter dem Hütchenfeld ein weiterer Spieler. Der Ball wird nun nicht mehr per Selbstvorlage vorgelegt, sondern zum nächsten Spieler gepasst. Der Passgeber geht jeweils seinem Zuspiel nach.

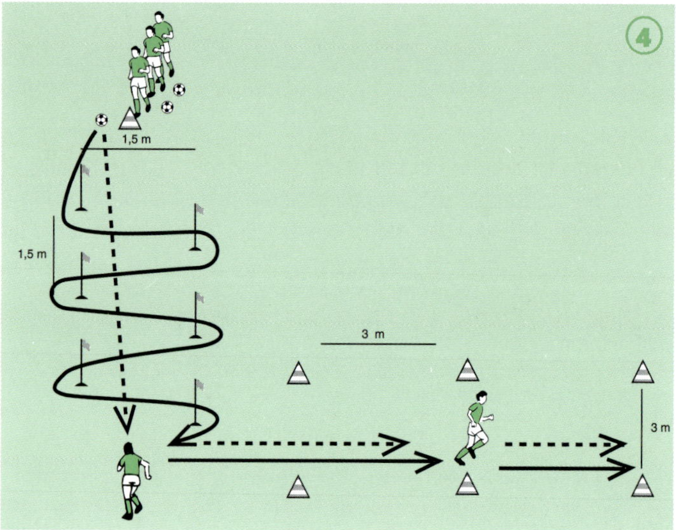

Trainingshinweis

- Hat der erste Spieler den Stangenslalom durchdribbelt, kann schon der nächste Spieler zum Dribbling starten. Hiermit wird für den einzelnen Spieler die Wartezeit verkürzt.

3. Torschuss

Die Technik des Torschusses ist nahezu identisch mit der Technik des Passens (vgl. Kap. „Passen"). Den Torschuss könnte man auch als Pass mit der Absicht, einen Treffer zu erzielen, bezeichnen. Alle Stoßvariationen des Passens sind auch Technikvariationen des Torschusses. Ein Torschuss kann mit dem Innenseitstoß, dem Vollspannstoß, dem Innen-/Außenspannstoß und verschiedenen Stoßvarianten (Ferse, Spitze, Dropkick, Hüftdrehstoß oder Fallrückzieher) ausgeführt werden.

Ein Torschuss mit der Innenseite wird vorwiegend bei Torschussmöglichkeiten aus kurzer Distanz eingesetzt, da diese sehr präzise ausgeführt werden können. Aufgrund der unnatürlichen Fußhaltung sind hier jedoch der Schusshärte Grenzen gesetzt.

Größere Torschussentfernungen werden hauptsächlich mit Vollspannstößen ausgeführt, da diese Technik sehr hohe Ballgeschwindigkeiten ermöglicht. Genutzt werden Torschüsse mit dem Vollspann etwa bei Distanzschüssen, bei Freistößen, aber auch bei der Ausführung von Strafstößen.

Im Bereich der mittleren Entfernungen kommt sehr häufig der Torschuss mit dem Innenspann zur Anwendung. Da der Ball bei dieser Technikform etwas seitlich unterhalb des Ballzentrums gespielt wird, erhält der Ball einen Drall (Effet) und kann so um Gegenspieler herum ausgeführt werden, was sehr häufig bei der Ausführung von Freistößen um die gegnerische Mauer herum genutzt wird.

Befindet sich ein Spieler nicht in einer optimalen Schussposition (frontal zum Tor, Tor und Gegenspieler im Blickfeld vor sich), so steht ihm trotzdem noch eine Vielzahl von Torschussvariationen zur Verfügung. Steht der Spieler etwa mit dem Rücken zu seinen Gegenspielern, so kann er den Ball mit der Ferse oder mittels eines Fallrückziehers auf das Tor spielen. Steht er seitlich zum gegnerischen Tor und der Ball fliegt auf Knie- bis Hüfthöhe heran, ist der Hüftdrehstoß eine anwendbare Technik.

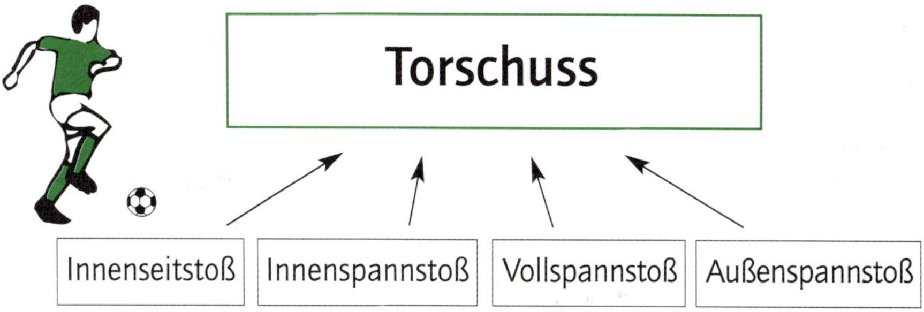

Phasen des Innenspannstoßes:
Anlauf – Ausholen/Aufsetzen Standbein – Treffpunkt – Durchschwingen

Stoßvariationen

- Dropkick

  Der aufspringende Ball wird kurz nach dem Bodenkontakt mit dem Vollspann oder Außenspann (harter Schuss) oder mit der Innenseite (weiches Zuspiel) getroffen. Der Spielfuß muss entweder durch Streckung (Spann) oder durch Beugung (Innenseite) fixiert sein.

- Effetstoß

  Der Ball wird außerhalb seines Zentrums mit dem Innenspann oder mit dem Außenspann getroffen. Durch das exzentrische Treffen erhält der Ball den gewünschten Effet.

- Hüftdrehstoß

  Der Ball wird in Hüfthöhe aus der Drehung heraus volley mit dem Vollspann getroffen. Der Spielfuß ist gestreckt und somit fixiert. Das Spielbein schwingt nach dem Treffen weit nach vorne durch.

- Fallrückzieher

  Der Ball wird mit dem Rücken zum Tor im Rückwärtsfallen mit dem Vollspann getroffen. Der Absprung erfolgt mit dem Spielbein. Nach dem Absprung führen beide Beine eine Scherbewegung durch, um den Schuss zu ermöglichen. Eine methodische Erleichterung ist der Absprung mit dem Standbein, wobei die Scherbewegung zunächst entfällt.

Hüftdrehstoß

Effetstoß

Fallrückzieher

Trainingsformen zum „Torschuss"

a) Stangenlauf mit Torschuss

Geräte
Acht Stangen, drei Hütchen, ein Ball pro Spieler, ein Tor.

Aufbau

In einem Abstand von 15 m vor einem Tor liegen 2x4 Stangen (Stangenabstand: 0,5 m) mit einem Zwischenraum von 3 m. Seitlich mittig steht hinter dem Zwischenraum ein Hütchen. Seitlich vor und hinter dem Stangenparcours steht jeweils ein weiteres Hütchen als Start- und Zielmarkierung. Die Spieler stehen am Starthütchen.

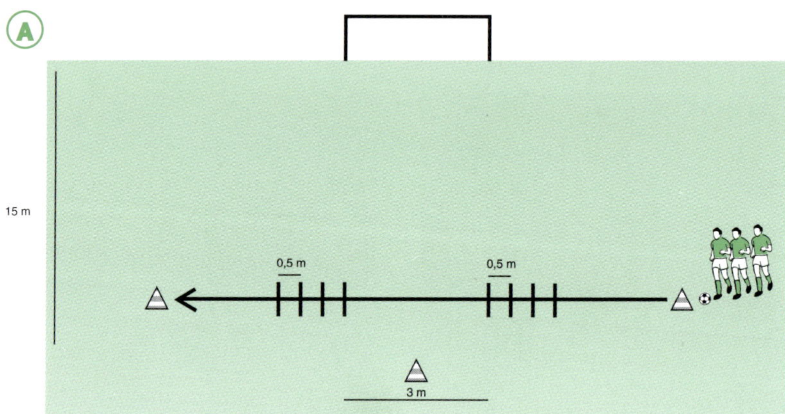

Ablauf

Übungen ohne Ball

Die Spieler starten nacheinander im Lauf über die Stangen, wobei der nächste Spieler jeweils startet, wenn sich der Vordermann im Stangenzwischenraum befindet.

Übung 1:

Die Spieler laufen über die Stangen, wobei sie in jedem Stangenzwischenraum mit jeweils einem Fuß einen Bodenkontakt haben.

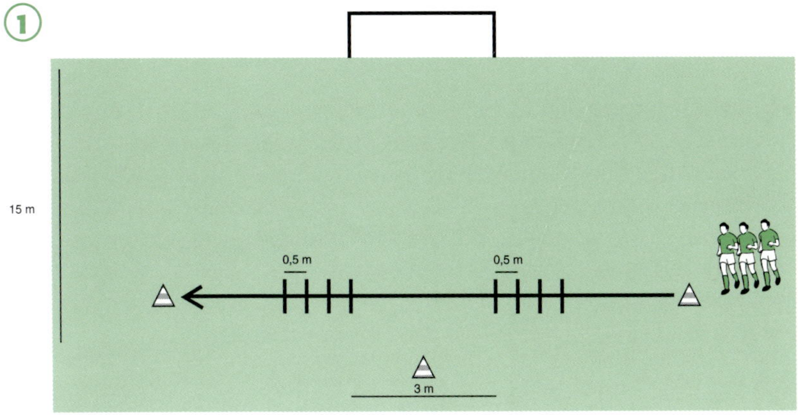

Übung 2:
Wie Übung 1, nur nun führen die Spieler im Stangenzwischenraum vor dem Tor eine Zusatzbewegung (Drehung, Kopfballimitation, Rolle) aus und starten anschließend über die nächsten vier Stangen.

Übung 3:
Wie Übung 1, nur nun umlaufen die Spieler im Stangenzwischenraum vor dem Tor das Markierungshütchen und starten anschließend über die nächsten vier Stangen.

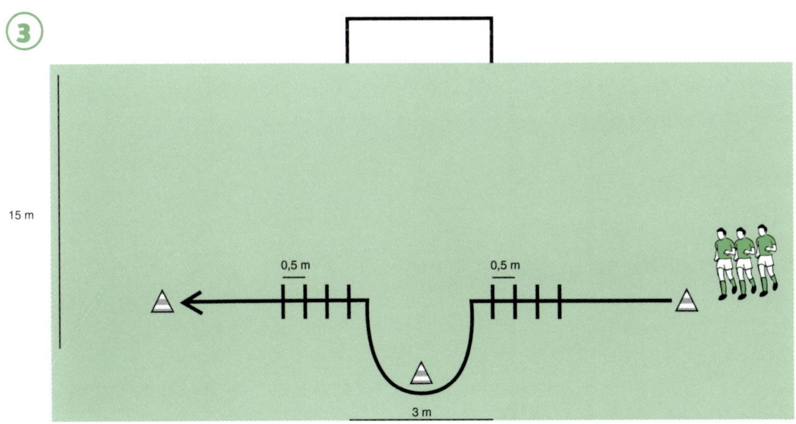

Übungen mit Ball

Übung 4:

Die Spieler legen sich den Ball im Stangenzwischenraum zurecht. Die Spieler laufen über die ersten vier Stangen, wobei sie in jedem Stangenzwischenraum mit jeweils einem Fuß einen Bodenkontakt haben. Im Stangenzwischenraum schießen die Spieler den bereitgelegten Ball auf das Tor. Anschließend starten sie sofort wieder über die nächsten vier Stangen, wobei sie wieder in jedem Stangenzwischenraum mit jeweils einem Fuß einen Bodenkontakt haben. Danach starten die Spieler von der anderen Seite, sodass der Torschuss abwechselnd mit dem rechten und linken Fuß ausgeführt werden muss.

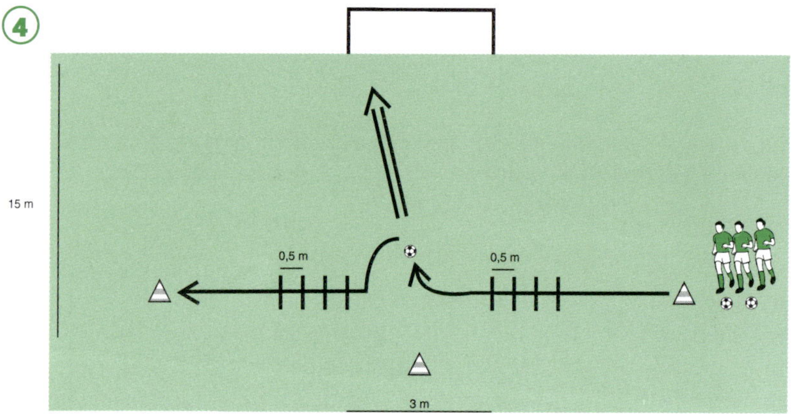

Übung 5:

Wie Übung 4, nur nun halten die Spieler den Ball in der Hand und schießen den Ball im Stangenzwischenraum per Torwartabschlag auf das Tor.

Trainingshinweis

- Vor dem Torschuss zum Tor orientieren, indem der Blick kurz von den Stangen und vom Ball gelöst wird.

b) Hütchendribbling und Torschuss

A

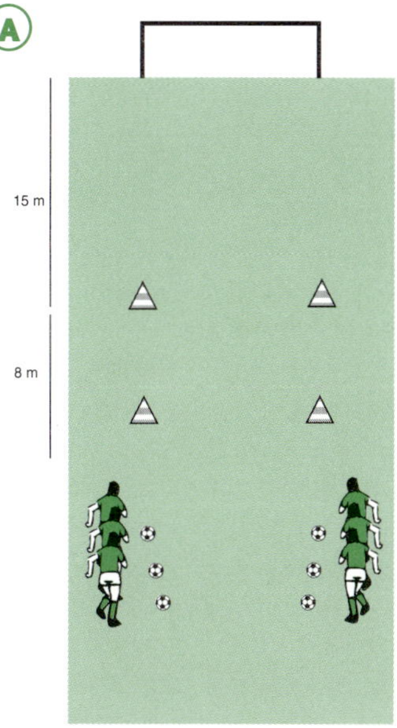

Geräte

Vier Hütchen, ein Ball pro Spieler, ein Tor.

Aufbau

Vor einem Tor ist in einem Abstand von 15 m mit vier Hütchen ein Hütchenfeld (Seitenlänge 8 m) markiert. Die Spieler stehen in gleich großen Gruppen an den beiden hinteren Hütchen des Hütchenfeldes.

Ablauf

Die Spieler starten abwechselnd von den Starthütchen im Dribbling zu dem vorderen Hütchen und schießen auf das Tor. Nach dem Torschuss stellen sich die Spieler am anderen Hütchen an.

Übung 1:
Die Spieler dribbeln gerade vom Starthütchen zum vorderen Hütchen und schießen auf das Tor.

1

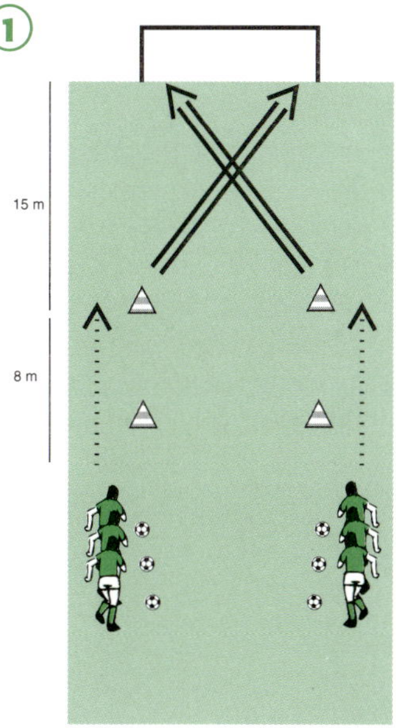

Übung 2:
Vor dem Torschuss legen sich die Spieler den Ball leicht vor und führen eine Zusatzbewegung (Drehung, Kopfballimitation, Rolle) aus und kommen erst dann zum Torschuss.

Übung 3:
Die Spieler legen sich den Ball in Richtung zum vorderen Hütchen vor, laufen der Selbstvorlage nach und führen, kurz bevor sie den Ball erreichen, eine seitliche Rolle aus. Anschließend versuchen sie, den Ball liegend auf das Tor zu schießen.

Übung 4:
Die Spieler werfen den Ball aus der Hand in Richtung des vorderen Hütchens (Schockwurf), starten dem geworfenen Ball nach und schießen den Ball nach dem ersten Bodenkontakt aus der Luft auf das Tor.

Übung 5:
Wie Übung 4, nur nun führen die Spieler vor dem Torschuss eine Zusatzbewegung (Drehung, Kopfballimitation, Rolle) aus und schießen den Ball dann nach dem ersten Bodenkontakt auf das Tor.

Übung 6:
Der Dribbelweg verläuft diagonal zum vorderen Hütchen. Die beiden ersten Spieler dribbeln gleichzeitig los, sodass sie sich in der Mitte kreuzen und schießen dann aus der Drehung auf das Tor.

6
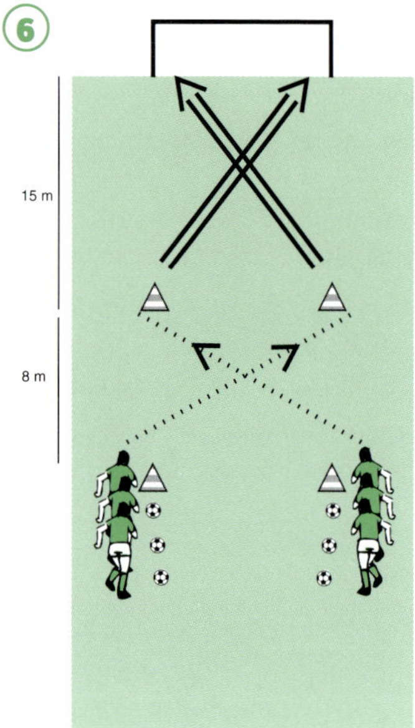

Trainingshinweise

- Bei allen Übungs-/Spielformen kann ein Torwart im Tor eingesetzt werden. Alle Torwarteinsätze schulen den jeweiligen Spieler koordinativ (z.B. wird bei zwei gleichzeitigen Torschüssen das Reaktionsvermögen geschult).
- Die Spieler sollen zur Schulung der Beidfüßigkeit auf der rechten Seite mit dem rechten Fuß, auf der linken Seite mit dem linken Fuß schießen.
- Zielvorgaben für die Torschüsse geben (lange/kurze Ecke, flacher/hoher Schuss).
- Übungs-/Spielform als Wettkampf ausführen: Wer trifft als Erster ins Tor, wenn die ersten Spieler an jedem Hütchen gleichzeitig starten?

c) Farbenlauf und Torschuss

Geräte

Acht Hütchen mit vier verschiedenen Farben, zwei weitere Hütchen, ein Ball pro Spieler, ein Tor.

Aufbau

Seitlich vor einem Tor sind in einem Abstand von 18 m mit vier Hütchen zwei gleich große Hütchenfelder (Seitenlänge 8 m) markiert. In den Hütchenfeldern hat jedes Hütchen eine andere Farbe. Mit zwei weiteren Hütchen ist eine Ziellinie 3 m nach den Hütchenfeldern markiert. Die Spieler stehen in gleich großen Gruppen hinter den Hütchenfeldern.

A

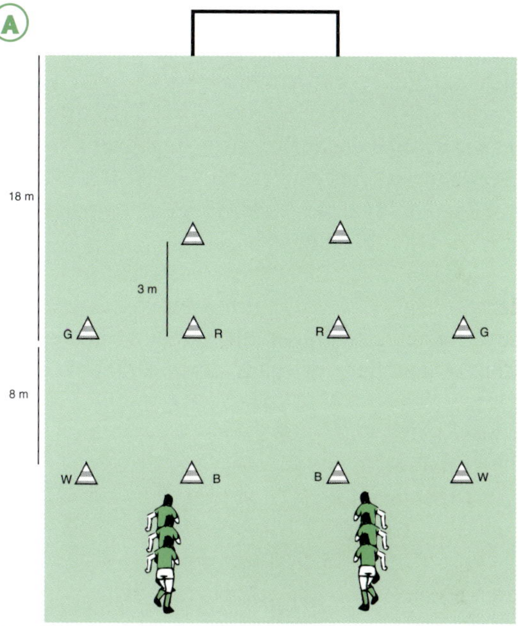

1

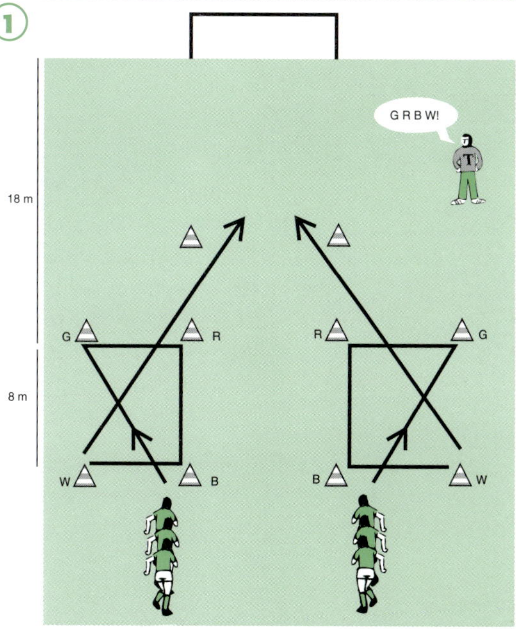

Ablauf

Übungen ohne Ball

Übung 1:

Der Trainer ruft eine Farbenkombination (z.B. gelb-rot-blau-weiß) auf. Die Spieler starten in das Hütchenfeld und berühren die farbigen Hütchen in der aufgerufenen Farbenfolge mit einer Hand. Dann sprinten sie über die Ziellinie.

Übung 2:
Neben dem Zuruf der Farbenkombination führt der Trainer den Ruf „Wechsel" ein. Bei „Wechsel" durchlaufen die Spieler das Hütchenfeld auf der anderen Seite, berühren die farbigen Hütchen in der aufgerufenen Reihenfolge mit einer Hand und sprinten dann über die Ziellinie.

Übung 3:
Wie Übung 1 und 2, nur nun führen die Spieler eine Zusatzbewegung (Drehung, Kopfballimitation, Rolle) aus, bevor der Trainer die Farbenkombination aufruft.

Übungen mit Ball

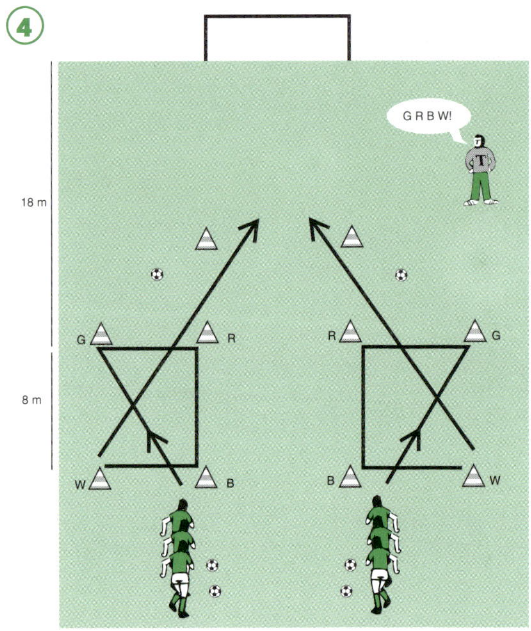

Übung 4:
Die Spieler legen sich vor dem Hütchenfeld einen Ball bereit. Nach dem Zuruf der Farbenkombination starten die Spieler in das Hütchenfeld, berühren die farbigen Hütchen in der aufgerufenen Reihenfolge mit einer Hand und schießen den bereitliegenden Ball auf das Tor.

Übung 5:
Wie Übung 4, nur nun halten die Spieler einen Ball in der Hand. Nach dem Zuruf der Farbenkombination starten die Spieler in das Hütchenfeld, berühren die farbigen Hütchen in der aufgerufenen Reihenfolge mit einer Hand und schießen den Ball aus der Hand per Torwartabschlag auf das Tor.

Übung 6:

Spieler dribbeln mit dem Ball zum vordersten Hütchen und halten ihn dort an. Nach dem Zuruf einer Farbenkombination starten die Spieler zurück zum Hütchenfeld. Hier dürfen Laufaufgaben nur wie folgt gelöst werden:

Laufwege zwischen Gelb-Rot und Weiß-Blau dürfen nur mit Seitsteps gelaufen werden.

6

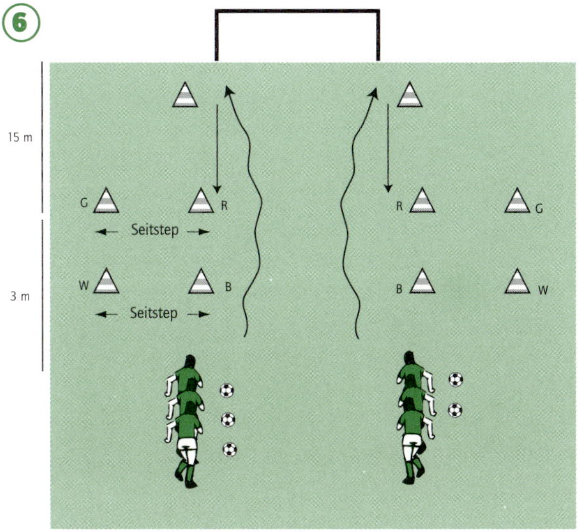

Trainingshinweise

- Bei allen Übungs-/Spielformen kann ein Torwart im Tor eingesetzt werden. Alle Torwarteinsätze schulen den jeweiligen Spieler koordinativ (z.B. wird bei zwei gleichzeitigen Torschüssen das Reaktionsvermögen geschult).
- Je nach Leistungsstand der Spieler können weniger (Erleichterung) oder mehr Farben (Erschwernis) aufgerufen werden.
- Übungs-/Spielform als Wettkampf ausführen: Wer überläuft als Erster die Ziellinie? Wer trifft als Erster ins Tor?

4. Ballkontrolle

Die Tatsache, dass die dominierende Technik im modernen Fußballspiel mehr und mehr das sichere und schnelle Passspiel ist, zieht konsequenterweise den Schluss nach sich, dass im gleichen Maße die Ballkontrolle an Bedeutung gewinnt. Sie schließt sich an jedes Zuspiel, an jeden Pass an, sofern der Ball nicht direkt weitergeleitet wird. In moderner Spielauffassung muss sie in hohem bis höchsten Tempo vom einzelnen Spieler eingefordert werden, um das allgemein hohe Spieltempo aufrechterhalten zu können.

Die fußballspezifische Technik der Ballkontrolle setzt sich aus der Ballannahme und der Ballmitnahme zusammen und stellt eine elementare Grundtechnik des Fußballspiels dar. Sie findet auf allen Spielpositionen statt. Der Torhüter nimmt gegnerische Fehlpässe oder eigene Rückpässe an; Abwehrspieler fangen Pässe des Gegners ab oder beteiligen sich am Spielaufbau durch Passkombinationen. Mittelfeld- und Angriffsspieler nehmen Zuspiele unter verstärkter Gegnerbedrängnis an und mit, um einen Angriff aufzubauen.

Für die Ballan- und -mitnahme stehen den Spielern eine Vielzahl von Techniken zur Verfügung:

- Ballkontrolle mit der Fußinnenseite
- Ballkontrolle mit der Fußaußenseite
- Ballannahme mit der Fußsohle
- Ballannahme mit dem Vollspann
- Ballkontrolle mit dem Oberschenkel
- Ballkontrolle mit der Brust
- Ballkontrolle mit dem Kopf

Hinweise zur Ausführung

- Dem Ball zur Ballannahme entgegengehen und bei der Kontrolle dem auftreffenden Ball leicht nachgeben.
- Bei der Ballmitnahme dem Ball nicht nachgeben, sondern diesen direkt in die neue Richtung vorlegen. Dabei den Ball in den Raum vom Gegner weg mitnehmen.
- Bei der Ballannahme und der Ballmitnahme kann zusätzlich eine Körpertäuschung eingebaut werden.

Ballkontrolle mit der Brust und mit dem Oberschenkel

Ballkontrolle **Ball am Boden**	Ballan- und -mitnahme mit der Innenseite und dem Innenspann Ballan- und -mitnahme mit der Außenseite und dem Außenspann Ballannahme mit der Sohle	← flach anrollende Bälle ← hoch einfliegende Bälle
Ballkontrolle **Ball in der Luft**	Ballannahme mit dem Vollspann Ballan- und -mitnahme mit dem Oberschenkel Ballan- und -mitnahme mit der Brust Ballan- und -mitnahme mit dem Kopf	← flach einfallende Bälle ← hoch einfallende Bälle

Trainingsformen zur „Ballkontrolle"

a) Ballkontrolle und Stangenlauf

Geräte

Sechs Stangen, zwei Hütchen, ein Ball pro Spieler.

Aufbau

Zwei Hütchen werden in einem Abstand von 15 m gegenüber aufgestellt. In der Mitte zwischen den Hütchen liegen sechs Stangen quer hintereinander (Stangenzwischenraum: 0,5 m). Die Spieler stehen in gleich großen Gruppen an den beiden Hütchen.

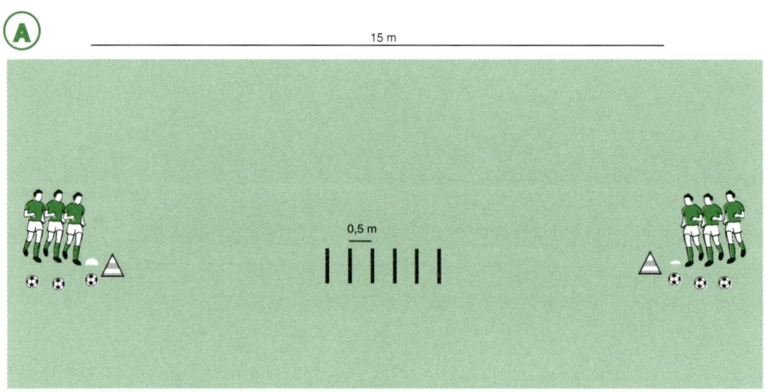

Ablauf

Übung 1:
Der erste Spieler an einem Hütchen läuft ohne Ball über die Stangen. Sobald der Spieler die Stangen überlaufen hat, bekommt er einen Ball vom Spieler am anderen Hütchen zugespielt. Diesen Ball soll der Spieler kontrollieren und sich an diesem Hütchen anstellen. Der Spieler, der den Pass gespielt hat, startet zum erneuten Lauf über die Stangen zum anderen Hütchen, wo der gleiche Ablauf beginnt.

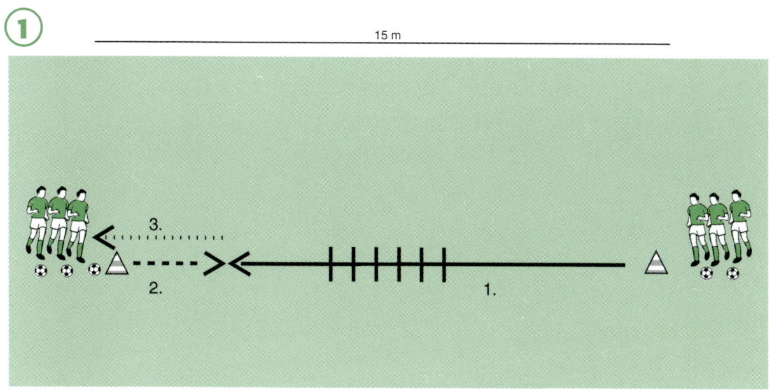

Übung 2:

Wie Übung 1, nur nun starten jeweils die ersten Spieler an jedem Hütchen gleichzeitig, sodass zwei Aktionen parallel ablaufen.

Übung 3:

Bevor der erste Spieler an einem Hütchen zum Lauf über die Stangen startet, spielt er nun einen Pass zum Spieler am gegenüberliegenden Hütchen. Dieser kontrolliert seinerseits den Ball und spielt den Ball ebenfalls zum gegenüberliegenden Hütchen. Nach jedem langen Pass starten die Passgeber im Lauf über die Stangen.

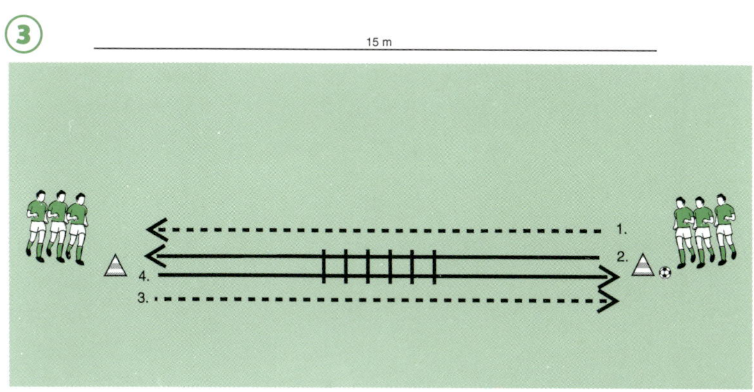

Übung 4:

Wie Übung 3, nur nun starten jeweils die ersten Spieler an jedem Hütchen gleichzeitig, sodass zwei Aktionen parallel ablaufen.

Übung 5:

Der erste Spieler an einem Hütchen spielt den Ball zum gegenüberliegenden Hütchen und startet dann zum Lauf über die Stangen. Nach dem Überlaufen der Stangen bekommt er den Ball kurz zugespielt, kontrolliert diesen, spielt ihn dann zum Passgeber zurück und stellt sich am Hütchen an. Der nächste Spieler startet die Aktion mit einem erneuten weiten Zuspiel.

5

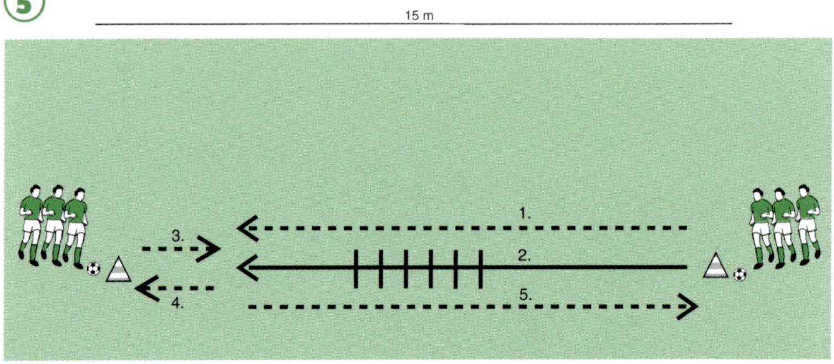

Übung 6:

Wie Übung 5, nur nun startet die Aktion an beiden Hütchen mit zwei Bällen gleichzeitig (nur für hohes Leistungsniveau).

Übung 7:

Die ersten Spieler an jedem Hütchen starten gleichzeitig. Die Spieler umdribbeln die Stangen im Uhrzeigersinn und spielen den Ball danach zum nächsten Spieler am Hütchen, der den Ball kontrolliert und ebenfalls zum Dribbling startet.

7

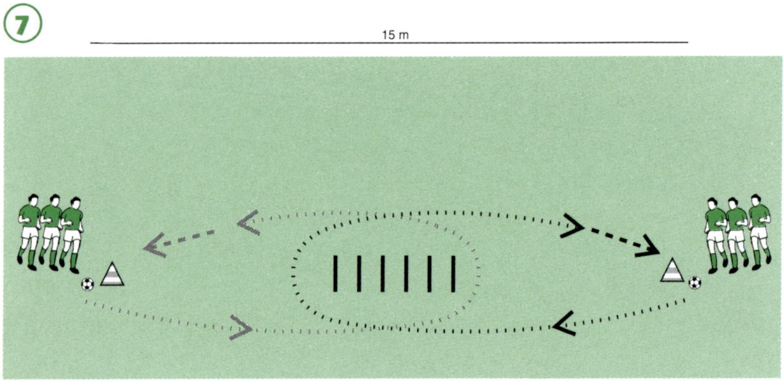

Übung 8:

Wie Übung 1-7, nur nun erfolgt statt des Passspiels jeweils ein hoher Ball (Zuwurf, hohes Zuspiel aus der Hand, hohes Zuspiel vom Boden).

Übung 9:

Die Spieler dribbeln jeweils mit einem Ball auf die Stangen zu, spielen auf der rechten Seite einen Pass an den Stangen zur gegenüberliegenden Seite vorbei. Hier wird der anrollende Ball angehalten. Sobald der Ball ruht, starten die Spieler zum Lauf über die Stangen und dribbeln den bereitliegenden Ball zur nächsten Seite.

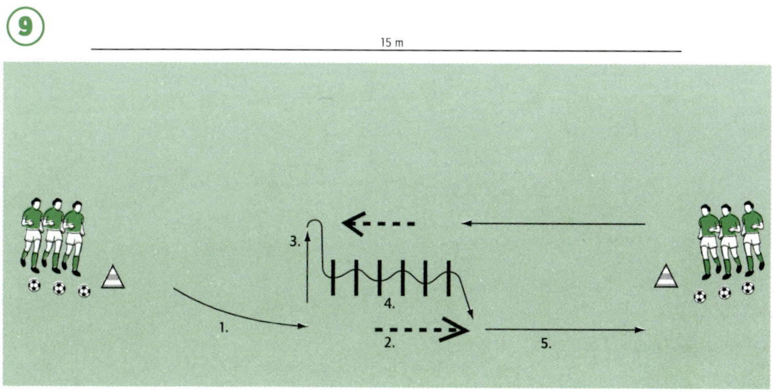

Trainingshinweis

- Weitere Variationen der Übungs-/Spielform können erreicht werden, indem der Stangenlauf variiert wird (rückwärts/seitwärts laufen, Slalomlauf), die Stangenabstände verschieden weit sind oder Startvariationen (Drehung, Rolle, Sprung) eingebaut werden.

b) Ballkontrolle und Dribbling-Stangenlauf

Geräte

Fünf Hütchen, vier Stangen, ein Ball.

Aufbau

Vor einem Starthütchen ist im Abstand von 2 m mit vier weiteren Hütchen eine Slalomstrecke markiert (Hütchenabstand: 1,5 m). 3 m hinter dem Hütchenslalom liegen vier Stangen quer hintereinander (Stangenzwischenraum: 0,5 m). Der Trainer steht seitlich zwischen dem Hütchenslalom und den Stangen. Die Spieler stehen am Starthütchen, wobei der erste Spieler einen Ball hat.

A

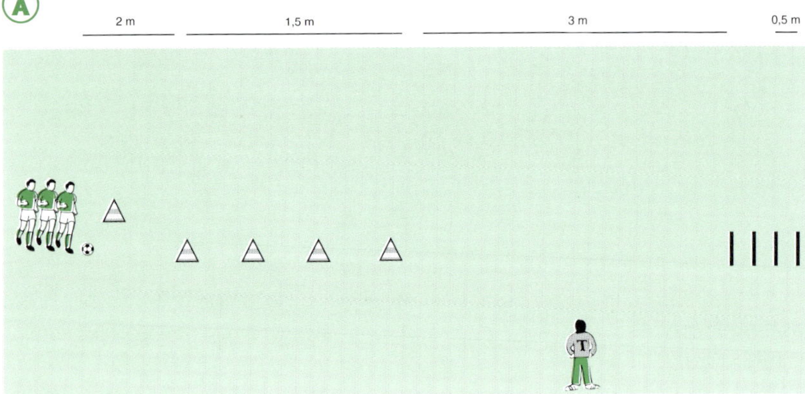

Ablauf

Übung 1:
Der erste Spieler dribbelt den Ball durch den Hütchenslalom. Anschließend passt er den Ball zum Trainer und startet im Sprint von hinten über die Stangen, wobei er jeweils mit einem Fuß in jedem Stangenzwischenraum einen Bodenkontakt hat. Nach dem Stangenlauf kontrolliert der Spieler den vom Trainer zugeworfenen Ball und passt diesen zum nächsten Spieler am Starthütchen, der den Ball kontrolliert und die Übung erneut startet.

Übung 2:
Wie Übung 1, nur nun variiert der Trainer das Zuspiel (flach, halbhoch, hoch).

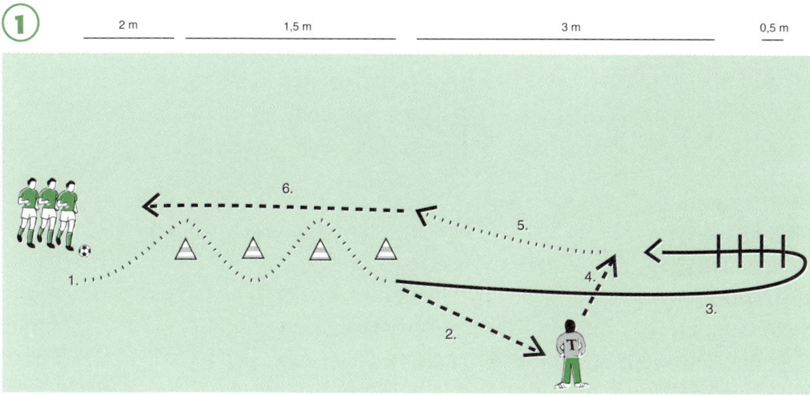

Übung 3:
Wie Übung 1, nur nun muss der Spieler vor dem Stangenlauf oder/und vor der Ballkontrolle eine Zusatzbewegung ausführen (Drehung, Rolle, Kopfball).

Übung 4:
Wie Übung 1, nur nun erfolgt das Zuspiel zum Starthütchen hoch per Torwartabschlag, sodass vor dem Dribbling ein hoher Ball kontrolliert werden muss.

Trainingshinweis

- Anstelle des Trainers kann auch ein Spieler den Ball zuwerfen bzw. zuspielen. Allerdings muss darauf geachtet werden, dass das Zuspiel korrekt erfolgt (Schockwurf).

c) Ballkontrolle im Tordreieck

Geräte

14 Hütchen, vier gelbe Reifen, vier rote Reifen, vier Bälle.

Aufbau

Mit vier Hütchen wird ein Spielfeld mit einer Seitenlänge von 15 m markiert. Auf vier Seitenlinien wird mittig jeweils ein Hütchentor (Breite: 2 m) aufgestellt. Drei Tore werden von 1 bis 3 durchnummeriert. 10 m hinter dem nichtnummerierten Hütchentor steht ein Starthütchentor. Zwischen dem Starthütchen und dem Hütchentor liegen die verschiedenfarbigen Reifen zu zweit in einer Reihe hintereinander. Der Trainer steht außerhalb des Feldes. Drei Spieler postieren sich mit je einem Ball in den nummerierten Hütchentoren. Die anderen Spieler stehen am Starthütchen vor den Reifen.

A

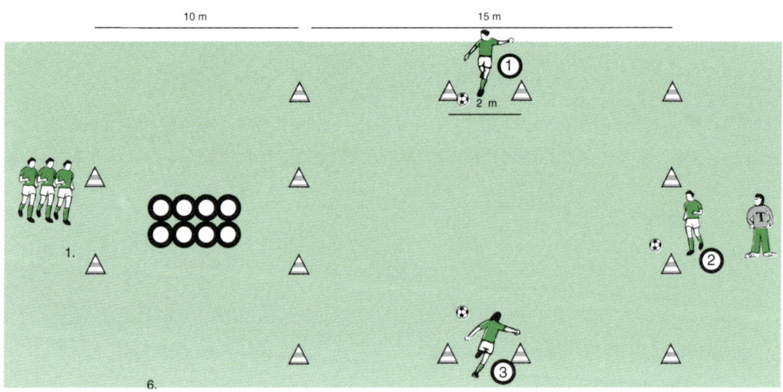

Ablauf

Übung 1: Der erste Spieler startet im Lauf durch die Reifen, wobei jeder Reifen mit einem Fußkontakt durchlaufen werden muss. Nachdem der Spieler das nichtnummerierte Hütchentor durchlaufen hat, ruft der Trainer eine Zahl 1-3. Der Spieler orientiert sich zum genannten Hütchentor und bekommt vom dort stehenden Spieler den Ball hoch zugeworfen. Nachdem er den Ball kontrolliert hat, dribbelt er mit dem Ball ins Hütchentor, der Zuwerfer stellt sich am Starthütchen an. Nach dem Zahlenzuruf des Trainers startet bereits der nächste Spieler.

Übung 2: Wie Übung 1, nur nun ruft der Trainer keine Zahl mehr, sondern zeigt mit den Fingern eine Zahl.

1

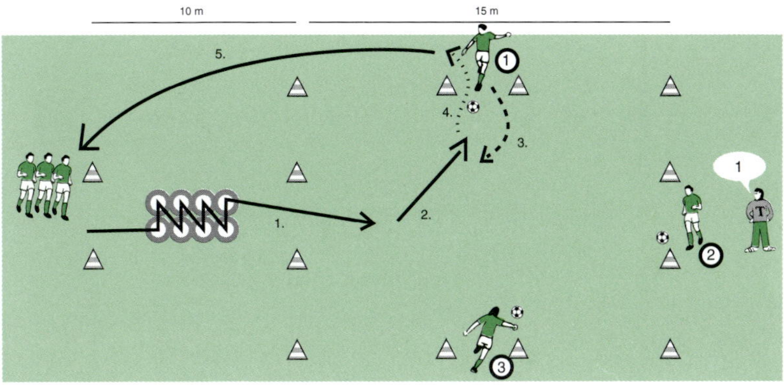

Übung 3:
Wie Übung 1, nur nun ruft der Trainer zwei oder drei Zahlen oder eine Zahlenkombination (z.B. 1-3-2-1). Der Spieler spielt bei den ersten Hütchentoren den Ball nach der Ballkontrolle mit einem Flachpass zurück. Beim letztgenannten Hütchentor dribbelt er wieder ins Tor und löst den Zuwerfer ab.

Übung 4:
Wie Übung 1, nur nun müssen die Spieler die Reifen im Rhythmus gelb-rot-gelb-rot-usw. oder rot-gelb-rot-gelb durchlaufen.

Übung 5:
Wie Übung 1, nur nun hat der erste Spieler am Starthütchen ebenfalls einen Ball. Der Spieler dribbelt den Ball um die Reifen herum, spielt dann einen Pass zum nächsten Spieler und startet zum Reifenlauf und zur Ballkontrolle an den nummerierten Hütchentoren.

5

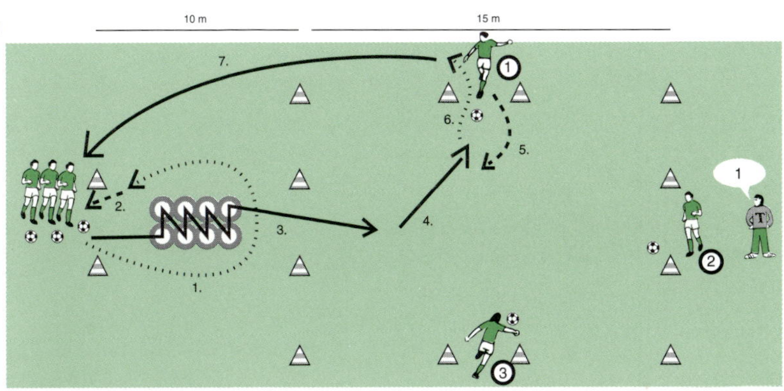

5. Kopfballspiel

Der Kopfstoß ist eine fußballspezifische Bewegung, die dem Spielen hochfliegender Bälle dient. Er kann als Passtechnik, als Torschusstechnik oder als Abwehrtechnik ausgeführt werden.

Zwar wird im Sinne eines schnellen und sicheren Kombinationsspiels der Ball vorwiegend flach zugespielt, jedoch die Tatsache, dass immer öfter eine verstärkte Abwehr den Angriffsbemühungen gegenübersteht, macht den Einsatz hoch gespielter Flanken sinnvoll. Hieraus resultiert entsprechend die Notwendigkeit des Kopfballtrainings als Angriffs- und als Abwehrtechnik.

Typische Situationen, in denen der Kopfstoß Anwendung findet, sind etwa das Weiterleiten von Torwartabstößen, Eckstößen, Freistößen, Flanken oder Einwürfen. Als Torschusstechnik wird der Kopfstoß z.B. nach Eckstößen oder nach Flanken und Freistößen von außen eingesetzt. Der Kopfstoß als Abwehrtechnik kann in allen Spielpositionen und Spielsituationen angewendet werden, in denen die Gegenspieler den Ball als Pass oder Torschuss hochspielen. Selbst für den Torhüter ist der Kopfstoß eine anzuwendende Technik, etwa als Abwehrtechnik außerhalb des Strafraumes zur Abwehr hochspringender Bälle.

Folgende Variationen des Kopfballspiels sind möglich:

Aus dem Stand	• Geradeaus köpfen.
Aus der Drehung im Stand	• Zur Seite köpfen.
Aus dem Lauf	• Geradeaus köpfen. • Zur Seite köpfen. • Abspringen und nach vorne köpfen (Flugkopfball).
Aus dem Sprung (ein- oder beidbeiniger Absprung)	• Geradeaus köpfen. • Zur Seite köpfen.

- Aus dem Stand:
  Schritt- oder Parallelstellung, wobei der Ball mit der Stirnfläche aus der Körperbogenspannung heraus getroffen wird.

- Aus der Drehung im Stand:
  Bewegungsablauf wie beim Kopfball aus dem Stand, nur wird jetzt bei der Vorwärtsbewegung der Oberkörper in die Stoßrichtung gedreht.

- Aus dem beidbeinigen Absprung:
  Nach beidbeinigem Absprung wird der Ball wie beim Kopfball aus dem Stand im höchsten Punkt der Sprungphase gespielt.

- Aus dem einbeinigen Absprung:
  Bewegungsablauf wie beim Kopfball aus dem beidbeinigen Absprung, wobei nun der Anlauf in die Bewegung mit eingegliedert werden muss.

- Aus dem Sprung mit Drehung:
  Nach dem Absprung wird der Körper in die Stoßrichtung gedreht.

- Aus dem Nachvornehechten als Flugkopfball:
  Absprung mit nach vorne gesenktem Oberkörper (Hechtsprung) zum Ball.

Trainingsformen zum „Kopfballspiel"

a) Kopfball-Wettkampf

Geräte

Zwei Hütchentore pro Spielerpaar, ein Ball pro Spielerpaar.

Aufbau

Zwei Hütchentore (Durchmesser 2,5 m) werden in einem Abstand von 3 m gegenüber aufgestellt. Zwei Spieler stehen sich in den Hütchentoren mit einem Ball gegenüber.

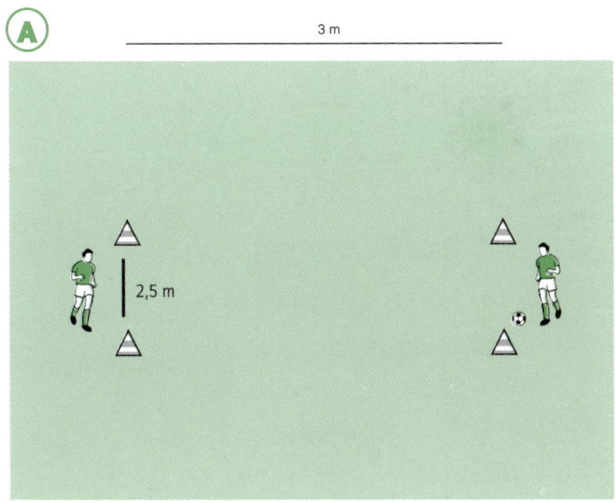

Ablauf

Übung 1:
Ein Spieler wirft sich den Ball selbst an und versucht, beim Hütchentor gegenüber einen Treffer zu erzielen. Der Spieler in diesem Hütchentor agiert als Torwart und soll den Ball abwehren.

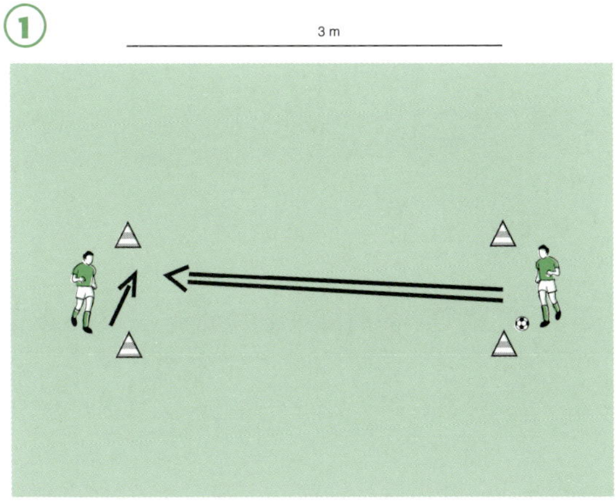

Übung 2:
Wie Übung 1, nur nun werfen sich die Spieler den Ball nicht mehr selbst an, sondern köpfen nach einem Partnerzuwurf auf das Hütchentor.

Übung 3:
Wie Übung 1, nur nun führt der Trainer den Begriff „Wechsel" ein. Beim Trainerkommando „Wechsel" müssen die Spieler sofort die Seiten wechseln und dann direkt weiterspielen.

Trainingshinweise

- Nicht zu viele Kopfbälle nacheinander durchführen, genügend Pausen einbauen.
- Im Grundlagentraining leichtere Bälle oder Softbälle für das Kopfballtraining verwenden.

b) Flugkopfbälle

Geräte

Ein Hütchen, ein Minitor, ein Ball pro Spieler.

Aufbau

Vor einem Minitor steht in einem Abstand von 5 m ein Starthütchen. Der Trainer steht als Zuwerfer hinter dem Minitor. Die Spieler stehen mit jeweils einem Ball an diesem Starthütchen.

Ablauf

Übung 1:
Der erste Spieler wirft dem Trainer den Ball zu. Der Trainer wirft den Ball nun zum Flugkopfball über das Minitor zum Spieler. Dieser soll den Ball ins Minitor köpfen.

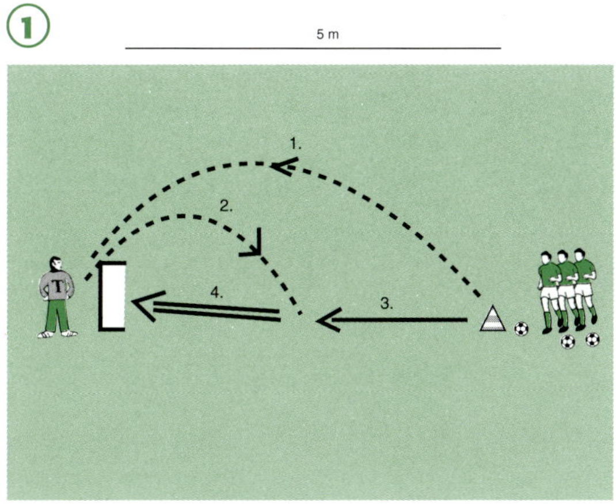

Übung 2:
Wie Übung 1, nur nun muss der Spieler vor dem Kopfball eine Zusatzbewegung (Drehung, Rolle) ausführen.

Übung 3:
Wie Übung 1, nur nun muss der Spieler den zugeworfenen Ball zunächst hoch zum Trainer zurückköpfen und dann nach einer Drehung den erneut zugeworfenen Ball per Flugkopfball auf das Minitor köpfen.

Übung 4:

Geräte

Sieben Hütchen, zwei Minitore, ein Ball pro Spieler.

Trainingshinweise

- Nicht zu viele Kopfbälle nacheinander durchführen, genügend Pausen einbauen.
- Im Grundlagentraining leichtere Bälle oder Softbälle für das Kopfballtraining verwenden.

Aufbau

Zwei Minitore im rechten Winkel aufstellen. Vor einem Tor wird mit Hütchen ein Dribbling-Parcours aufgebaut. Der Trainer steht hinter dem zweiten Tor.

Ablauf

Übung 4:
Zunächst dribbelt der Spieler durch den Parcours und schießt danach auf das Tor. Nach Abschluss wirft der Trainer einen weiteren Ball zu, der als direkte Anschlussaktion als Flugkopfball verwertet werden soll.

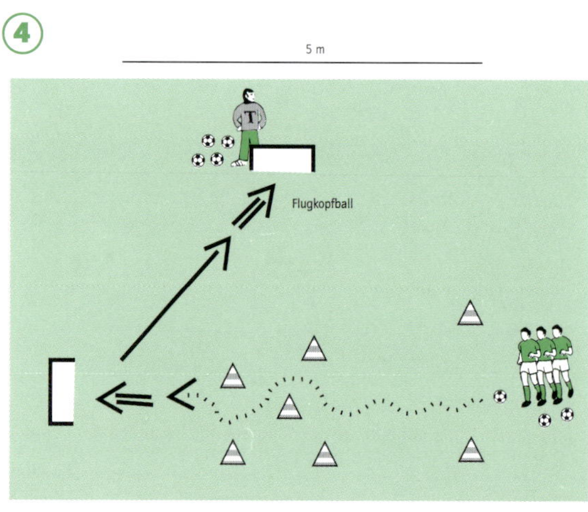

c) Kopfball und Torschuss

Geräte

Acht Stangen, sechs Hütchen, ein Tor, ein Ball pro Spieler.

Aufbau

Vor jedem Pfosten eines Tores liegen in einem Abstand von 5 m jeweils vier Stangen (Stangenzwischenraum: 0,5 m). Seitlich neben dem Tor steht in einem Abstand von 3 m jeweils ein Starthütchen. 5 m vor diesem Hütchen steht ein weiteres Hütchen. 10 m mittig vor dem Tor ist ein Hütchentor (Durchmesser: 3m) aufgebaut. Die Spieler stehen mit Ball an den Starthütchen. Ein Spieler steht jeweils an den Hütchen vor den Starthütchen.

Ablauf

Übung 1:
Die Spieler vor den Starthütchen bekommen den Ball zum Kopfball zugeworfen und köpfen diesen zielgenau zurück. Dann starten sie im Sprint über die Stangen, wobei immer ein Fuß in jedem Stangenzwischenraum einen Bodenkontakt hat, ins Hütchentor.

A

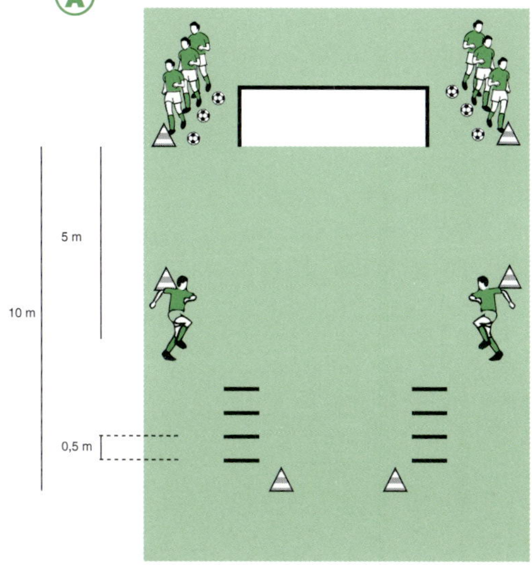

1

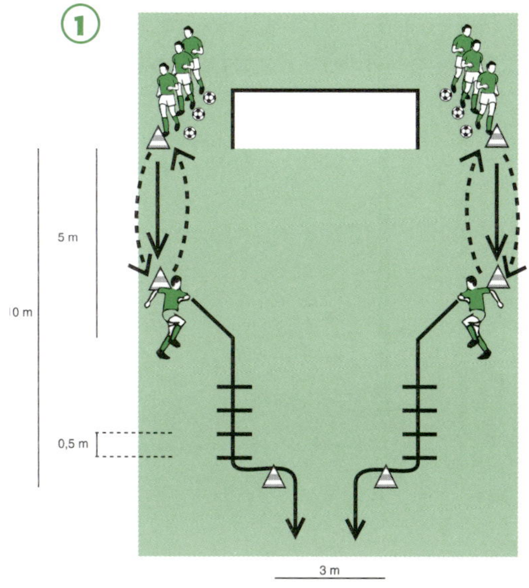

Übung 2:

Wie Übung 1, nur nun liegen die Spieler vor dem Kopfball auf dem Bauch und sollen zunächst eine komplette Rolle ausführen.

Übung 3:

Wie Übung 1, nur nun haben die köpfenden Spieler einen zusätzlichen Ball. Diesen dribbeln sie nach dem Kopfball durch die Stangen, umdribbeln ein Hütchen des Hütchentors und schießen aus der Drehung auf das Tor. Diese Übung kann entweder als Wettkampf nach einem Startzeichen (akustisch/optisch) des Trainers (Wer schießt als Erster den Ball ins Tor?) oder abwechselnd von jeder Seite durchgeführt werden.

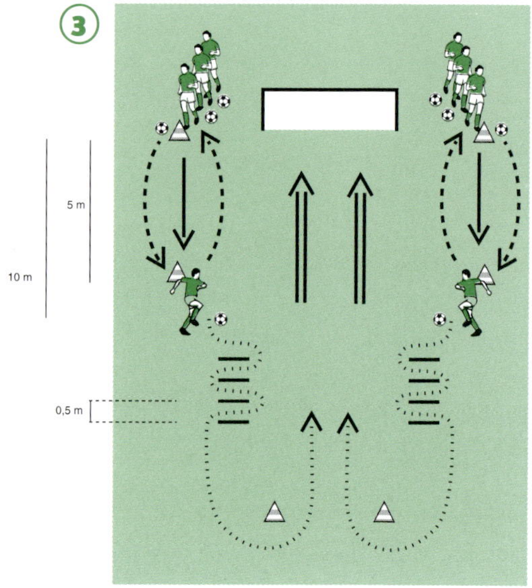

Übung 4:

Wie Übung 3, nur nun halten die Spieler den Ball in der Hand und legen sich diesen per Kopfball nach Selbstanwurf über die Stangen vor. Nach dem Überlaufen der Stangen schießen die Spieler den Ball aus der Drehung auf das Tor.

Trainingshinweise

- Übungs-/Spielform als Wettkampf ausführen: Wer schlägt als Erster beim Trainer ab? Wer trifft als Erster ins Tor?
- Bei allen Übungs-/Spielformen mit abschließendem Torschuss kann ein Torwart im Tor eingesetzt werden. Alle Torwarteinsätze schulen den jeweiligen Spieler koordinativ (z.B. wird bei zwei gleichzeitigen Torschüssen das Reaktionsvermögen geschult).

6. Torwartspiel

Der Spielposition des Torhüters kommt eine herausragende Stellung innerhalb des Fußballspiels zu. Der Torhüter ist der einzige Spieler, der den Ball innerhalb des eigenen Strafraums mit den Händen fangen und spielen darf. Ferner ist er in der Regel der letzte Abwehrspieler, der gegnerische Torschüsse abwehrt, worin auch seine Hauptaufgabe besteht.

Der Torhüter ist aber keinesfalls als reiner Abwehrspieler zu betrachten, vielmehr ist gerade seine Position sehr gut geeignet, den Spielrhythmus zu bestimmen. So kann er beispielsweise nach der Abwehr eines gegnerischen Angriffs durch unterschiedliche Arten des Abspiels das Tempo des Angriffaufbaus bestimmen: er spielt etwa einen sicheren Pass zum Abwehrspieler, gibt den Ball per Abwurf ins eigene Mittelfeld oder spielt einen Abschlag in die gegnerische Spielfeldhälfte.

Zum Bereich der Abwehraktionen gehört das Aufnehmen und Fangen des Balls, das Abrollen, das Hechten, Springen, Ablenken, Fausten und die Fußabwehr. Die Bälle können hier flach, halbhoch, hoch, frontal oder seitlich auf den Torhüter zukommen.

Für das Torwartspiel sind folgende Grundtechniken wichtig:

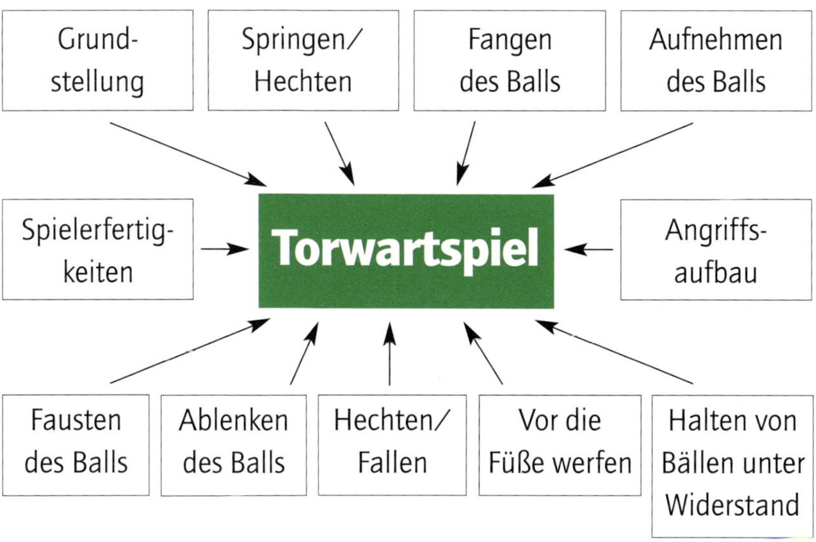

- Grundstellung

Die Füße stehen hüftbreit nebeneinander, wobei das Körpergewicht auf den Fußballen ruht. Die Knie- und Hüftgelenke sind gebeugt, der Oberkörper schräg nach vorne gerichtet. Die Arme hängen senkrecht nach unten, wobei die Ellbogen 90° gebeugt sind und die Handinnenseiten zueinander zeigen. Der Blick ist auf das Spielfeld gerichtet.

- Springen/Hechten

Beim Sprung wird zwischen dem beidbeinigen Absprung (aus dem Stand) und dem einbeinigen Absprung (aus dem Lauf nach einem oder mehreren Schritten) unterschieden. Beim Absprung in der Vorwärtsbewegung setzt zuerst die Ferse auf, in der Rückwärtsbewegung zuerst der Vorfuß und dann die Ferse, in der Seitwärtsbewegung zuerst die Innenseite (bei einem Spreizschritt) oder die Außenseite (bei einem Kreuzschritt), dann die Ferse und die Zehen. Beim Hechten muss der Körper weich abgefangen werden, was beim Rückwärts-, Seitwärts- und Vorwärtsrollen durch die richtige runde Körperhaltung erreicht wird.

- Fangen des Balls

Es wird das *Fangen flach ankommender Bälle*, das *Fangen hoch ankommender Bälle* und das *Fangen halbhoch ankommender Bälle* unterschieden. Bei allen Techniken ist es wichtig, dem Ball mit den Armen/Händen entgegenzugehen und den Ball nach dem Fangen schnell an die Brust heranzuziehen.

- Aufnehmen des Balls

Es wird das *Aufnehmen von gerade ankommenden Bällen*, das *seitliche Aufnehmen von seitlich ankommenden Bällen*, das *Aufnehmen und Wegspringen*, das *Aufnehmen von flachen und halbhohen Bällen, wobei seitlich nach unten oder oben weggehechtet wird*, unterschieden. Bei allen Techniken des Aufnehmens muss der Körper hinter den Ball gebracht werden und im Moment des Ballkontakts eine in Richtung des Balls mitgehende Bewegung mit den Armen gemacht werden.

- Ablenken des Balls

  Der Torwart muss versuchen, die Hand, die dem Ball am nächsten ist, möglichst schnell hinter den Ball zu bekommen.

- Fausten des Balls

  Durch Armstreckung und Klappbewegung des Oberkörpers den Ball mit einer oder zwei Händen wegfausten.

- Hechten/Fallen

  Zu den Hecht- und Falltechniken gehören *seitwärts abrollen*, *rückwärts fallen*, *vorwärts hechten/fallen*, *seitwärts hechten*, *vorwärts hechten* und *rückwärts hechten*. Bei allen Techniken des Fallens/Hechtens auf den Ball zugehen und den Ball an der Brust sichern.

- Vor die Füße werfen

  Der Blick muss zum Ball gerichtet sein und der Torwart muss sich auf den Ball werfen.

- Halten von Bällen unter Widerstand

  Der Torwart muss seine Arme über dem Gegner haben und so den Ball vor dem Gegner erreichen. Unter Widerstand muss der Torwart im Rahmen der Regeln zusätzlich seinen Körper einsetzen (Knie des gegnernahen Beins hochziehen).

- Spielerfertigkeiten

  Bei den Spielerfertigkeiten sollte vor allem in den Bereichen Ballkontrolle, Passspiel, Kopfballspiel und Tackling trainiert werden (siehe Feldspielertraining).

- Angriffsaufbau

  Im Angriffsaufbau muss der Torwart das Werfen (Rollen, Schwungwurf seitlich und über Kopf, Schlagwurf seitlich und von oben), den Abschlag (Volleyabschlag, Dropkickabschlag) und den Abstoß beherrschen.

Trainingsformen zum „Torwartspiel"

a) Grundstellung

Geräte

Sieben Hütchen, ein Ball pro Spieler.

Aufbau

Vor einem Starthütchen ist im Abstand von 2 m mit vier Hütchen ein Hütchenslalom aufgebaut (Hütchenabstand: 1,5 m). 1 m hinter dem Hütchenslalom steht ein Hütchentor (Durchmesser: 4 m) quer. Die Torhüter stehen mit Ball am Starthütchen, der Trainer steht hinter dem Hütchentor.

A

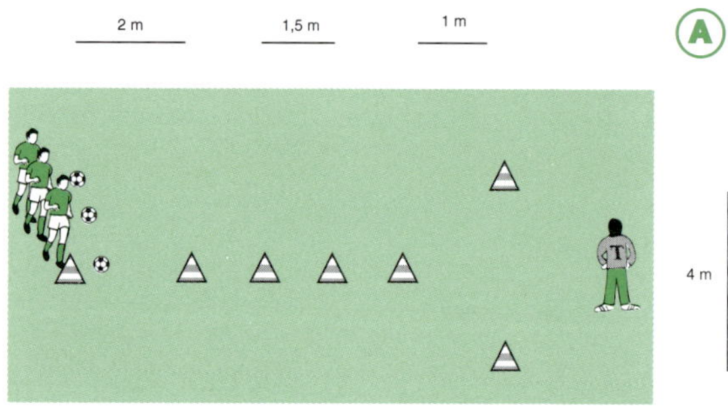

Ablauf

Übung 1:
Der erste Torhüter spielt dem Trainer den Ball per Torwartabschlag zu. Danach startet er im Lauf durch den Hütchenslalom. Am Ende des Slaloms nimmt der Torhüter im Hütchentor schnellstmöglich die Grundstellung ein und versucht, den vom Trainer zugeschossenen Ball zu halten.

1

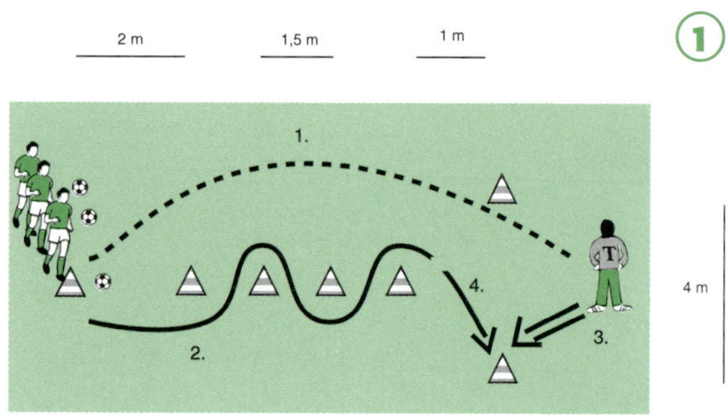

Übung 2:
Wie Übung 1, nur nun führt der Torhüter vor dem zweiten und vierten Hütchen eine Zusatzbewegung aus (Drehung, Rolle, Sprung).

Übung 3:

Wie Übung 1, nur nun führt der Torhüter nach dem Hütchenslalom eine Torwartrolle durch, steht schnell wieder auf und nimmt die Grundstellung ein.

Übung 4:

Der Torhüter durchdribbelt den Slalom (Schulung der Feldspielertechnik), spielt den Ball dann per Torwartabschlag zum Trainer und versucht, nach einer Torwartrolle schnell die Grundstellung im Hütchentor einzunehmen und den vom Trainer zugeschossenen Ball zu halten.

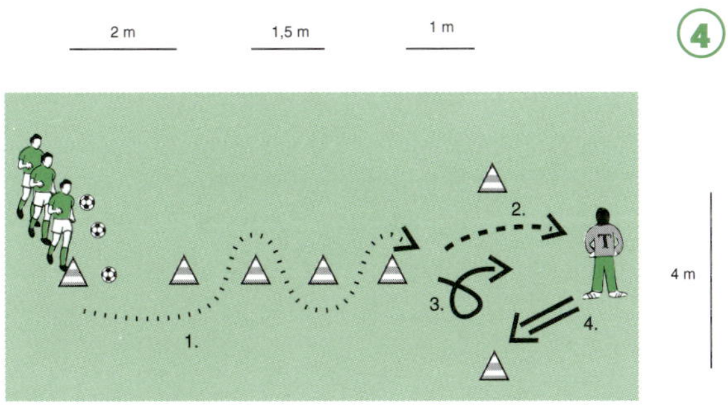

b) Erhechten flacher Bälle – Zahlenhechten

Geräte

Vier Bälle.

Aufbau

Die vier Bälle werden im Viereck (Durchmesser: 4 m) hingelegt. Jeder einzelne Ball erhält eine Nummer von 1-4. Der Trainer steht außerhalb des Feldes. Der Torhüter steht in der Grundstellung in der Mitte zwischen den vier Bällen.

A

4 m

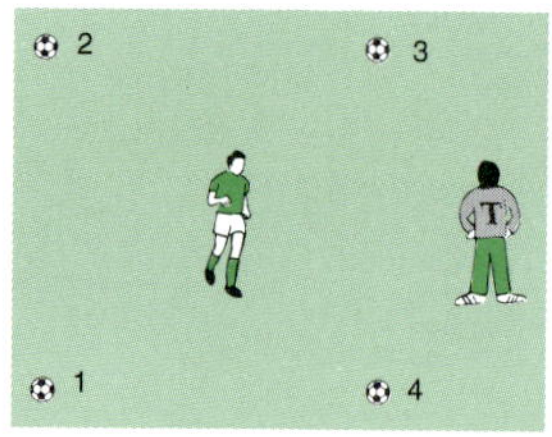

Ablauf

Übung 1:
Der Trainer ruft eine Zahl auf, worauf der Torhüter den entsprechenden Ball erhechten und unter dem Körper sichern soll. Danach kehrt der Torhüter in die Ausgangsposition zurück und erhechtet auf erneuten Zuruf einen weiteren Ball.

1

4 m

Übung 2:
Wie Übung 1, nur nun gibt der Trainer eine Zahlenkombination vor, die die zu erhechtenden Bälle bezeichnet (z.B. „4-3-1-3" bedeutet die Bälle 4, 3, 1 und 3 müssen nacheinander erhechtet werden).

Übung 3:
Wie Übung 2, nur nun führt der Torhüter vor dem Erhechten des Balls eine Zusatzbewegung (Drehung, Rolle, Sprung) durch.

Trainingshinweis

- Die Nummerierung der Hütchen regelmäßig verändern, damit sich die Torhüter immer wieder neu orientieren und auf neue Situationen einstellen müssen.

c) Fangen halbhoher und hoher Bälle – Stangenlauf

Geräte

Zwei Hütchen, sechs Stangen, ein Ball.

Aufbau

Fünf Stangen liegen parallel nebeneinander (Stangenabstand: 1 m). Links und rechts neben den Stangen steht in einem Abstand von 3 m jeweils ein Starthütchen. Der Trainer steht mit Ball in einem Abstand von 5 m mittig vor den Stangen. Die Torhüter stehen an den Starthütchen.

Ablauf

Übung 1:
Die ersten Torhüter an jedem Hütchen starten gleichzeitig im Seitgalopp über die Stangen, wobei beide Füße in jedem Stangenzwischenraum nacheinander Bodenkontakt haben sollen. Der Torhüter, der am rechten Hütchen startet, läuft hinten über die Stangen, der andere Torhüter vorne über die Stangen. Beide Torhüter halten die Blickrichtung zum Trainer.

Übung 2:
Wie Übung 1, nur nun wirft der Trainer, wenn beide Torhüter in der Mitte der Stangen sind, den Ball dem vorderen Torhüter halbhoch zu. Der vordere Torhüter soll den Ball fangen und zum Trainer zurückwerfen. Kann er den Ball nicht fangen, muss der hintere Torhüter bereit sein, den Ball zu halten.

1

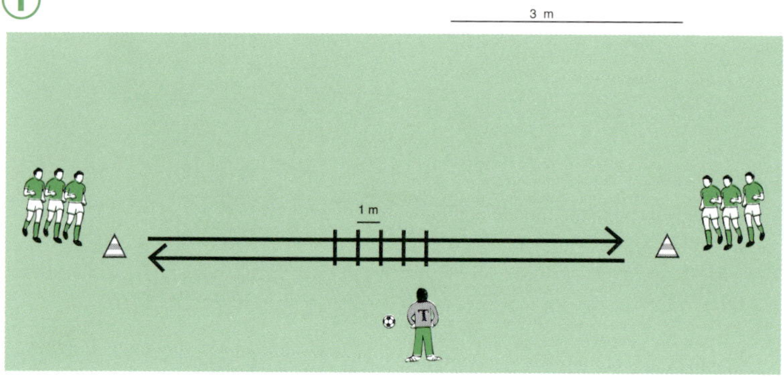

2

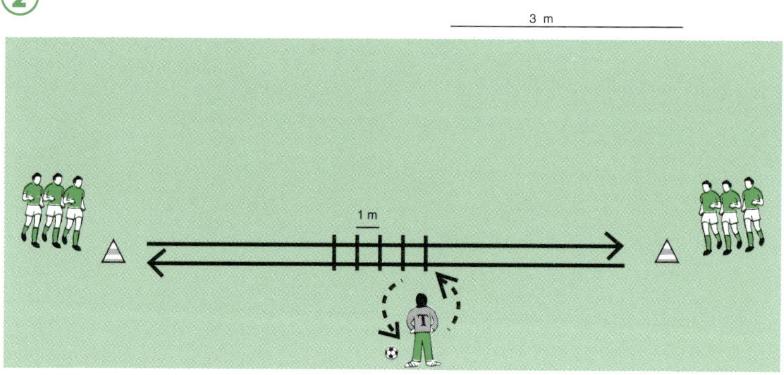

Übung 3: Wie Übung 2, nur nun wirft der Trainer den Ball hoch zu.

Übung 4:
Wie Übung 2, nur nun laufen die Torhüter mit dem Rücken zum Trainer im Seitgalopp über die Stangen. Der Trainer wirft den Ball nach einem Kommando, auf welches sich die Torhüter mit Blick zum Trainer drehen, halbhoch zu.

Übung 5: Wie Übung 4, nur nun wirft der Trainer den Ball hoch zu.

Übung 6:
Wie Übung 2, nur nun wird der Laufweg verändert. Die Torhüter überlaufen die ersten beiden Stangen im Seitgalopp, laufen dann im Seitgalopp über die Stangen wieder zurück und starten erst dann im Seitgalopp über alle Stangen zur anderen Seite. Der Trainer wirft den Ball nun zweimal halbhoch zu. Den ersten Ball muss der vordere Tor-

hüter halten, wenn er die ersten beiden Stangen erstmals überlaufen hat, den zweiten Ball wirft der Trainer, wenn beide Torhüter in der Mitte die Stangen überlaufen.

6

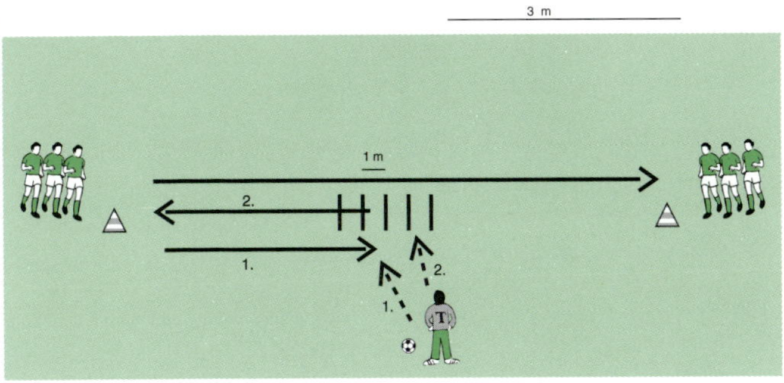

Übung 7: Wie Übung 6, nur nun wirft der Trainer den Ball hoch zu.

Übung 8:
Wie Übung 2, mit erneut verändertem Laufweg. Die Torhüter laufen im Slalom durch die Stangen, wobei sie die Blickrichtung immer zum Trainer halten. Der Torhüter, der am rechten Hütchen startet, läuft von hinten in den Stangenparcours, der andere Torhüter von vorne, sodass es zu keinem Zusammenstoß kommen kann. Der Trainer wirft den Ball halbhoch zu, wenn beide Torhüter ungefähr in der Mitte des Stangenparcours sind.

8

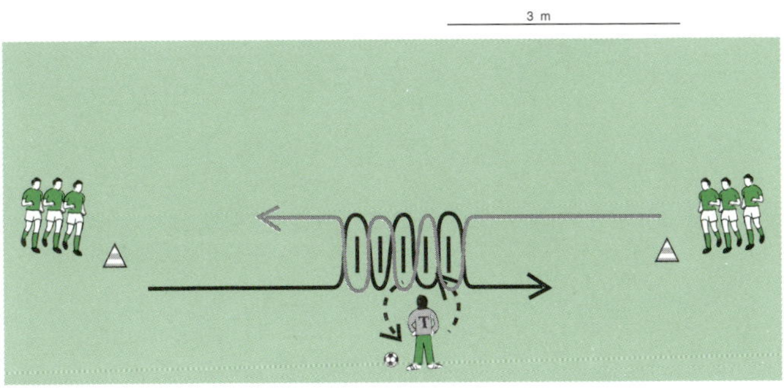

Übung 9:
Wie Übung 8, nur nun wirft der Trainer beiden Torhütern den Ball mehrmals halbhoch zu.

Übung 10: Wie Übung 8 und 9, nur nun wirft der Trainer den Ball hoch zu.

taxofit

B) Schwerpunkt: Taktik

Der Begriff *Taktik* beinhaltet alle organisierten Maßnahmen, die darauf ausgerichtet sind, die Ziele des Fußballspiels zu erreichen. Die Grundidee des Fußballspiels besteht aus den beiden Zielsetzungen: Tore in der gegnerischen Spielfeldhälfte zu erzielen und Gegentore in der eigenen Spielfeldhälfte zu verhindern. Dementsprechend gibt es taktische Maßnahmen im Angriff und in der Abwehr. Diese können jeweils in drei Bereiche unterteilt werden:

- Taktische Maßnahmen des Einzelnen – **Individualtaktik**.
- Taktische Maßnahmen von zwei oder mehreren Spielern – **Gruppentaktik**.
- Taktische Maßnahmen der gesamten Mannschaft – **Mannschaftstaktik**.

Individualtaktik

Individualtaktische Maßnahmen beinhalten alle zielgerichteten und geplanten Angriffs- und Verteidigungshandlungen des einzelnen Spielers in typischen Spielsituationen. Im Gegensatz zu den Fußballtechniken mit dem genauen Bewegungsablauf beschreibt die Taktik die einzelnen zu beachtenden Grundsätze bei der Anwendung der Techniken.

Gruppentaktik

Gruppentaktische Maßnahmen beinhalten alle Angriffs- und Abwehrhandlungen des einzelnen Spielers, die von weiteren Angriffs- oder Abwehrspielern unterstützt werden. Individualtaktische Fähigkeiten und Fertigkeiten bilden hier die Voraussetzung, um gruppentaktisch handeln zu können.

Mannschaftstaktik

Der Begriff der Mannschaftstaktik beinhaltet den taktischen Plan einer Mannschaft, mit welchen individual- und gruppentaktischen Maßnahmen eigene Torschussmöglichkeiten vorbereitet werden und gegnerische Torschussmöglichkeiten verhindert bzw. abgewehrt werden.

Abwehr- und angriffstaktische Handlungen beeinflussen sich. Daher wird zwar zunächst jeweils die Abwehr- und Angriffstaktik theoretisch erläutert, aber im Anschluss daran finden sich Übungs-/Spielformen, die beide Bereiche gemeinsam schulen.

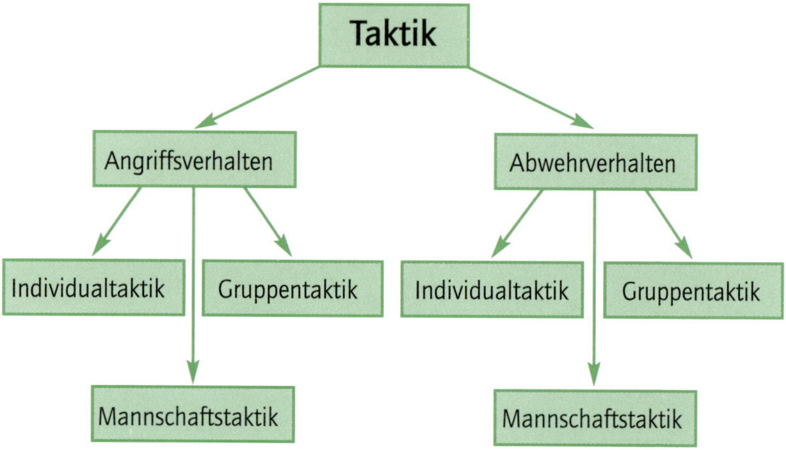
Taktik
Angriffsverhalten
Abwehrverhalten
Individualtaktik
Gruppentaktik
Mannschaftstaktik
Individualtaktik
Gruppentaktik
Mannschaftstaktik

taxofi

1. Angriffsverhalten

Individualtaktische Maßnahmen für das Angriffsspiel sind alle Bewegungen mit und ohne Ball des einzelnen Spielers. Dazu gehört das Dribbling, das Passen, der Torschuss, die Ballkontrolle, der Kopfstoß und das Sichfreilaufen und Anbieten. Ebenso werden die speziellen Torhütertechniken dazu gezählt, die dem Aufbau eines eigenen Angriffs dienen, also die Vorbereitung einer Torschussmöglichkeit einleiten. Das Kapitel zuvor behandelt die genaue Bewegungsbeschreibung speziell dieser angriffstaktischen Maßnahmen. Im Folgenden werden Anwendungsmöglichkeiten genauer aufgezeigt und Grundsätze für die Anwendung erläutert.

Individuelle Maßnahmen

Dribbling Passen Torschuss Ballkontrolle Kopfstoß Freilaufen/Anbieten
Torhütertechniken

Spielziel: Torschussmöglichkeiten vorbereiten

Bei **gruppentaktischen Angriffsmaßnahmen** handelt es sich um die Zusammenfügung individualtaktischer Fähigkeiten und Fertigkeiten. Mehrere Spieler wenden hier ihre einzelnen Fähigkeiten und Fertigkeiten gemeinsam an, um gemäß der Spielidee, Tore zu erzielen, zu handeln. Die Beherrschung der individualtaktischen Maßnahmen stellt die unbedingte Voraussetzung für ein gruppentaktisches Handeln dar. Durch die Kombination unterschiedlichster Einzeltechniken des Dribblings, des Passens und des Freilaufens und Anbietens entsteht ein flüssiges Zusammenspiel, das dem Ziel des Herausspielens von Torchancen dient.

Gruppentaktische Maßnahmen

Raumaufteilung/Positionswechsel (z.B. Hinterlaufen, Kreuzen)	Standardkombinationen (Doppelpassspiel, Wandspiel)

Spielziel: Tore erzielen

Bei **mannschaftstaktischen Angriffsmaßnahmen** handelt es sich um die Zusammenfügung individual- und gruppentaktischer Fähigkeiten und Fertigkeiten zur Vorbereitung von Torschussmöglichkeiten.

Mannschaftstaktische Maßnahmen

Frontalangriff Konterangriff Flügelangriff Spielverlagerung
Variabilität Spiel auf Zeit Standardsituationen

Spielziel: Tore erzielen

2. Abwehrverhalten

Individualtaktische Maßnahmen für das Abwehrspiel sind alle Bewegungen mit und ohne Ball des einzelnen Spielers. Dazu gehört das Abwehrverhalten gegen Dribbler, das Stellungsspiel zum Unterbinden des gegnerischen Kombinationsspiels, das Anwenden von Abwehrfinten und der Einsatz verschiedener Techniken des Tacklings. Ebenso werden auch hier die speziellen Torhütertechniken dazugezählt, die der (endgültigen) Abwehr eines gegnerischen Angriffs dienen.

Individuelle Maßnahmen

Abwehr gegen Dribbler   Unterbinden gegnerischen Kombinationsspiels

Spielziel: Torchancen verhindern

Bei **gruppentaktischen Abwehrmaßnahmen** handelt es sich um die Zusammenfügung individualtaktischer Fähigkeiten und Fertigkeiten. Mehrere Spieler wenden hier ihre einzelnen Fähigkeiten und Fertigkeiten gemeinsam an, um gemäß der Spielidee, Tore zu verhindern, zu handeln. Die Beherrschung der individualtaktischen Maßnahmen stellt die unbedingte Voraussetzung für ein gruppentaktisches Handeln dar.

Gruppentaktische Maßnahmen

Staffelung   Verschieben   Umschalten

Spielziel: Tore verhindern

Bei **mannschaftstaktischen Abwehrmaßnahmen** handelt es sich um die Zusammenfügung individual- und gruppentaktischer Fähigkeiten und Fertigkeiten zur Verhinderung von Torschussmöglichkeiten.

Mannschaftstaktische Maßnahmen

Deckungssysteme   Pressing/Forechecking   Zurückziehen   Abseitsfalle
Standardsituationen

Spielziel: Tore verhindern

Trainingsformen zum „Angriffs-/Abwehrverhalten"

a) 1 : 1 im Torkreuz

Geräte

Zwölf Hütchen, ein Ball pro Spielerpaar.

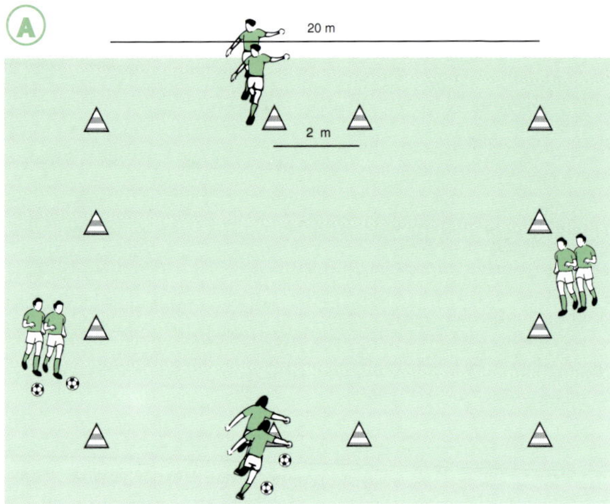

Aufbau

Mit vier Hütchen wird ein rechteckiges Spielfeld mit einer Seitenlänge von 20 m markiert. Auf jeder Seitenlinie steht mittig ein Hütchentor (Breite: 2 m). Die Spieler stehen in gleich großen Gruppen neben den Hütchentoren außerhalb des Spielfeldes.

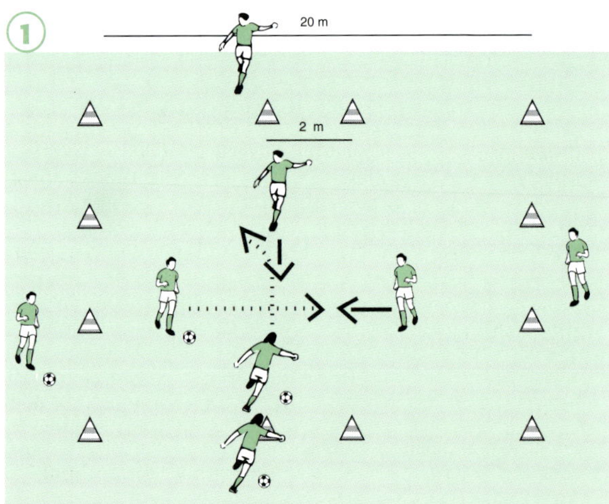

Ablauf

Übung 1:
Die jeweils ersten Spieler an jedem Hütchentor begeben sich ins Spielfeld, wobei jedes Spielerpaar einen Ball hat. Auf ein Trainerzeichen (akustisch/optisch) starten die Spieler zum 1:1 auf ihre

Hütchentore. Der Spieler am Ball ist Angreifer. Erobert der Gegenspieler den Ball, kann er am gegenüberliegenden Hütchentor einen Treffer erzielen. Das Spiel dauert solange, bis der Ball im Aus oder im Tor ist oder der Trainer das Spiel beendet (maximale Spielzeit: 30 Sekunden). Anschließend starten die nächsten Paare zum 1 : 1 ins Spielfeld.

Übung 2:
Wie Übung 1, nur nun spielt sich ein Spielerpaar den Ball im Passspiel zu, das andere Spielerpaar wirft sich den Ball zu. Auf ein Trainerkommando (akustisch/optisch) hin, starten beide Paare wieder zum 1:1. Beide Spielerpaare stehen über Kreuz.

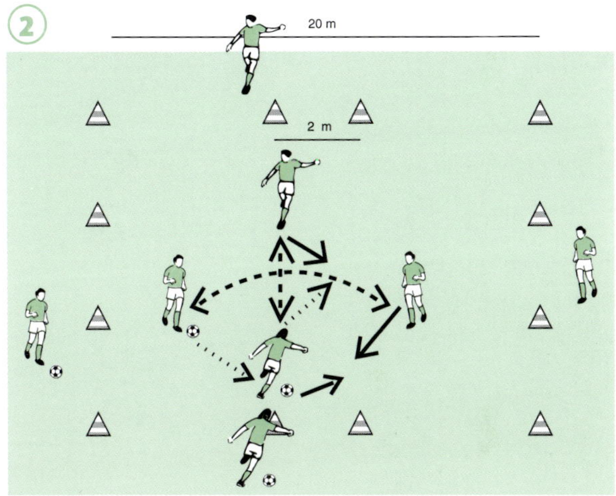

Übung 3:
Wie Übung 1, nur nun passen sich beide Spielerpaare gleichzeitig ihren jeweiligen Ball zu und achten dabei darauf, dass die Bälle beim Passspiel nicht zusammenstoßen. Auf ein Trainerkommando (akustisch/optisch) hin, starten beide Paare wieder zum 1 : 1. Beide Spielerpaare stehen über Kreuz.

Übung 4:
Wie Übung 1, nur nun haben beide Spielerpaare zwei Bälle. Jedes Spielerpaar passt sich einen Ball zu, der andere Ball wird gleichzeitig zugeworfen. Auf ein Trainerkommando (akustisch/optisch) hin, starten beide Paare wieder zum 1:1 (hohes Leistungsniveau). Angreifer und Verteidiger sind vorher festgelegt, sodass jedes Paar einen Ball beim Trainerkommando liegen lässt. Beide Spielerpaare stehen über Kreuz.

Trainingshinweise

- Beim Zweikampf auch auf das andere Spielerpaar achten, um Zusammenstöße zu vermeiden.
- Bei den koordinativen Übungen müssen die Spieler darauf achten, dass die Bälle nicht zusammenstoßen.

b) Spiegellauf

Geräte

Acht Hütchen, ein Tor, ein Ball pro Spieler.

Aufbau

Mit acht Hütchen werden zwei Hütchenfelder (Seitenlänge: 3 m) markiert, die in einem Abstand von 3 m gegenüberstehen. 15 m mittig hinter den Feldern steht ein Tor. In jedem Feld steht ein Spieler.

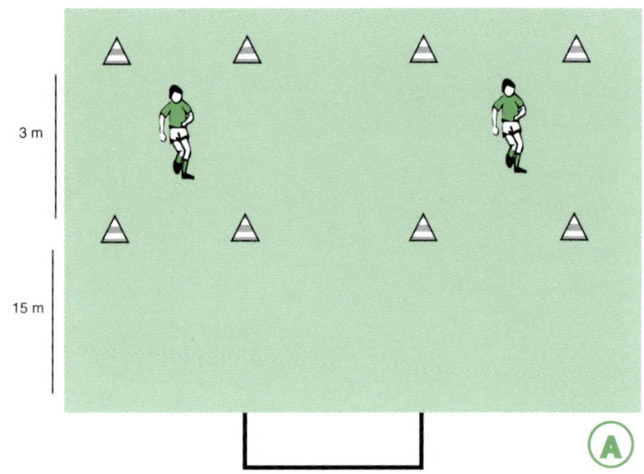

Ablauf

Übung 1:
Der Spieler in einem Feld gibt gerade, seitliche und diagonale Laufwege auf den Verbindungslinien zwischen den Hütchen vor, die der andere Spieler in seinem Feld nachlaufen muss (= Spiegel).

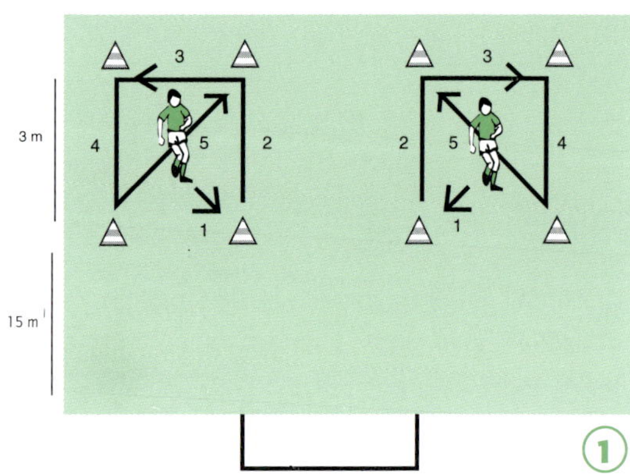

Übung 2:
Wie Übung 1, nur nun kann der vorgebende Spieler noch Zusatzbewegungen (Drehungen, Rollen, Sprünge) in seinen Lauf einbauen.

Übung 3:
Wie Übung 1, nur nun gibt der Trainer ein Startsignal, woraufhin beide Spieler im Sprint zum Trainer starten. Der Trainer steht in einem Abstand von 6 m mittig zwischen beiden Hütchenfeldern.

Übung 4:
Wie Übung 1, nur nun dribbeln beide Spieler die Wege mit Ball.

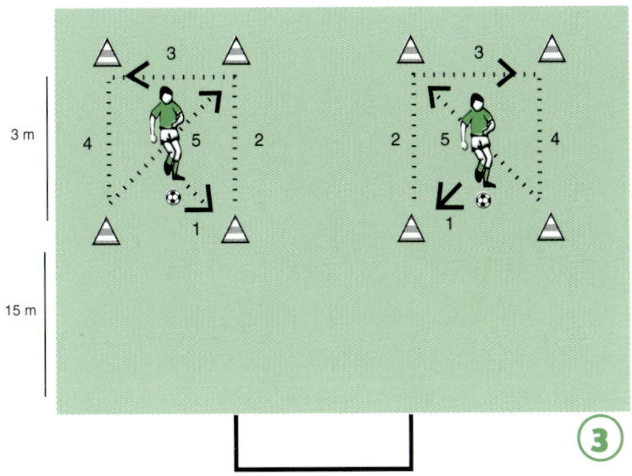

Übung 5:
Wie Übung 3, nur nun haben beide Spieler einen Ball. Auf das Trainerkommando hin, schlagen die Spieler nicht beim Trainer ab, sondern schießen auf ein Tor.

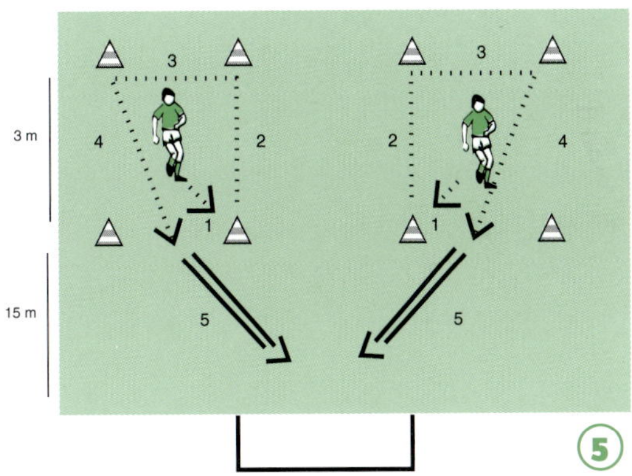

Trainingshinweise

- Die Spieler müssen sich ständig zueinander orientieren und dabei Front zueinander halten. Somit bewegen sich die Spieler vorwärts, rückwärts und seitwärts.
- Der vorgebende Spieler muss an den Hütchen immer kurz warten, damit der andere Spieler folgen kann.
- Übungsform als Wettkampf ausführen: Wer schlägt als Erster beim Trainer ab bzw. wer trifft als Erster ins Tor?

c) Kreislauf und 1:1

Geräte

Acht Reifen, acht Stangen, zwei Hütchen, ein Tor, ein Ball pro Spielerpaar.

Aufbau

Vor einem Pfosten eines Tors liegen in einem Abstand von 15 m acht Reifen in einem Kreis. 15 m vor dem anderen Pfosten des Tors liegen acht Stangen im Kreis. 3 m vor den Reifen und Stangen steht jeweils ein Starthütchen. Mittig zwischen den Reifen und Stangen liegt ein Ball bereit. Die Spieler stehen an den Starthütchen.

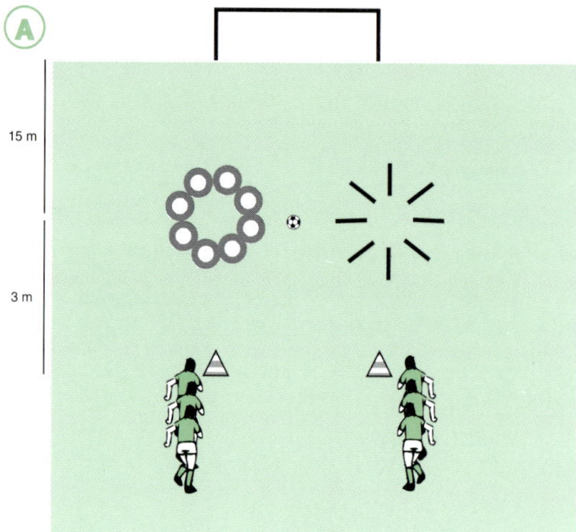

Ablauf

Übung 1:
Die Spieler durchlaufen einzeln den Reifenkreis und den Stangenkreis, indem jeweils ein Fuß einen Bodenkontakt im Reifen bzw. im Stangenzwischenraum hat. Auf ein Trainerkommando (akustisch/optisch) starten die Spieler zum Ball und versuchen, im 1 : 1 zum Torabschluss zu kommen.

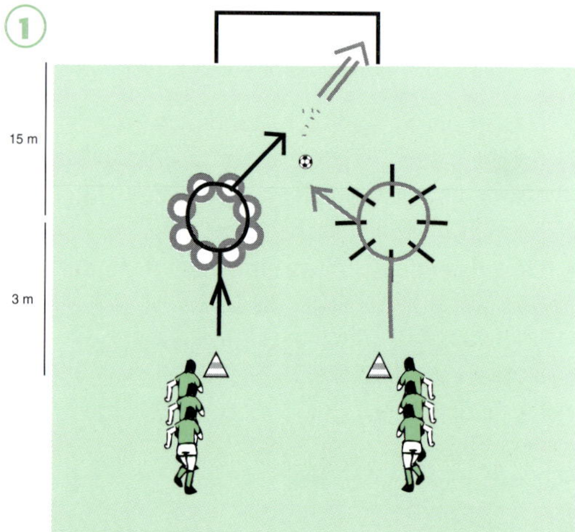

Übung 2:
Wie Übung 1, nur nun wechseln die Spieler auf ein Trainerzeichen hin die Laufart (vorwärts, rückwärts, seitwärts).

Übung 3:
Wie Übung 1, nur nun führt der Trainer das Kommando: „Wechsel" ein. Beim Kommando: „Wechsel" müssen die Spieler die Laufrichtung ändern.

Übung 4:
Wie Übung 1, nur nun führt der Trainer das Kommando: „Seite" ein. Beim Kommando: „Seite" wechseln die Spieler in den anderen Parcours.

Übung 5:
Wie Übung 1, nur nun verwendet der Trainer alle eingeführten Kommandos: „Vorwärts", „Rückwärts", „Seitwärts", „Wechsel", „Seite".

Aufbau

Übung 6:
Zum Aufbau s.o. werden zusätzlich Markierungshütchen als Zweikampfraum gesetzt. Im Zweikampfraum sollen Zweikämpfe aus der Grundsituation Angreifer frontal gegen Abwehrspieler stattfinden.

Ablauf

Spieler von Gruppe I starten über die Reifen (diverse Aufgaben); nach Aufgabenlösung dribbelt er mit Ball zum Torschuss. Im Anschluss startet Gruppe II-Spieler mit Stangenaufgabe nach, nimmt Ball durch Tor li/re zum 1:1.

6

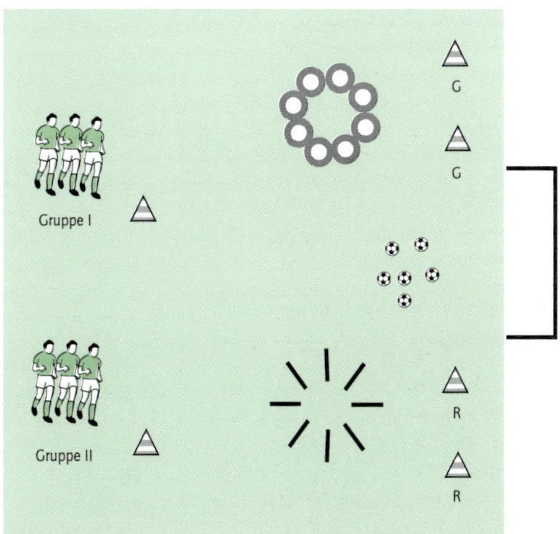

d) 1:1-Wettlauf

Geräte

Neun Hütchen, drei Hürden, ein Tor, ein Ball pro Spielerpaar.

Aufbau

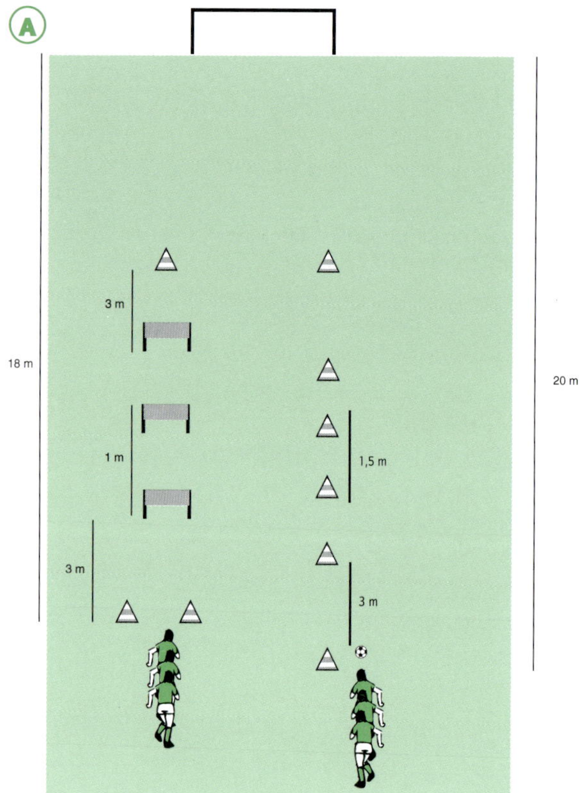

Vor dem rechten Pfosten eines Tors steht in einem Abstand von 18 m ein Hütchentor, 20 m vor dem linken Pfosten ein Starthütchen. 3 m vor dem Hütchentor stehen drei Hürden hintereinander (Hürdenabstand: 1 m). 3 m vor den Hürden steht ein Hütchen. 3 m vor dem Starthütchen ist mit vier Hütchen ein Slalom (Hütchenabstand: 1,5 m) markiert. 3 m vor dem Slalom steht ein weiteres Hütchen. Die Spieler stehen in gleich großen Gruppen im Hütchentor und am Starthütchen, wobei die Spieler am Starthütchen jeweils einen Ball haben.

Ablauf

Übung 1:
Auf ein Trainerzeichen (akustisch/optisch) starten beide Spieler gleichzeitig in die Übung. Der Spieler im Hütchentor durchläuft das Hütchentor in Form einer Acht, startet

über die drei Hürden und wird nach dem vorderen Hütchen zum Verteidiger. Der Spieler am Starthütchen startet im Slalomdribbling durch die Hütchen und versucht, nach dem vorderen Hütchen im 1 : 1 gegen den Verteidiger zum Torabschluss zu kommen.

Übung 2:

Wie Übung 1, nur nun werfen sich die Spieler den Ball zu. Der Spieler, der beim Trainerkommando den Ball hat, lässt diesen auf den Boden fallen und nimmt ihn durch den Hütchenslalom mit. Der andere Spieler startet als Verteidiger durch den anderen Parcours.

3

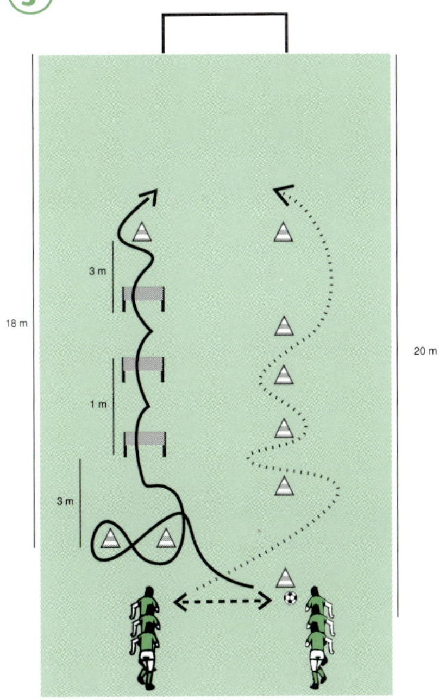

1

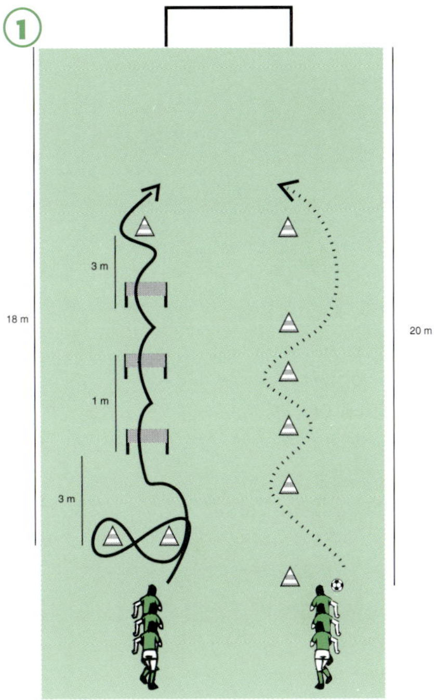

Übung 3:

Wie Übung 2, nur nun passen sich die Spieler den Ball zu.

Übung 4:

Wie Übung 2, nur nun köpfen sich die Spieler den Ball zu (hohes Leistungsniveau).

Trainingshinweis

- Bei einer Balleroberung kann auch der Verteidiger zum Torabschluss kommen. Das Spiel kann so lange dauern, bis der Ball im Tor oder Aus ist oder es wird vorgegeben, dass jeder Spieler nur eine Angriffsaktion hat (Erhöhung des Präzisionsdrucks).

Legende

	Spieler, Torwart
	Trainer
	Ball
	Stange
	Hütchen
	Slalomstange
	Reifen
	Hürde
	Laufweg
	Passweg
	Dribbelweg
	hohes Zuspiel, Zuwurf
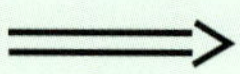	Schuss, Kopfball

Literaturverzeichnis

ASMUS, S.: Koordinative Fähigkeiten – Die Basis für den Fußball.
Teil 1 In: Fußballtraining 15 (1997) 7/8, 48-56.
Teil 2 In: H. 9, 38-45.

ASMUS, S./HÖNL, M./PIEKARSKI, V.: Fußballtraining für Kinder und Jugendliche. Niedernhausen 1994.

BAUER, G.: Ball- und Körperbeherrschung in allen Spielsituationen. In: Fußballtraining 15 (1997) 9, 34-37.

BIERMANN, S./THEUNE-MEYER, T.: So macht Athletiktraining Spaß! Gymnastikprogramme der Frauennationalmannschaft zur Verbesserung von Kraft und Koordination.
In: Fußballtraining 15 (1997) 11/12, 41-48.

BUSCHMANN, J./KOLLATH, E./TRITSCHOKS, H.-J.: Gezielt trainieren – erfolgreich spielen. Kissing 2000.

DARGATZ, T.: Fußball-Konditionstraining – Koordination und Rehabilitation. München 1997.

DITGENS, F.: Das Ziel: elegante Bewegungen und variable Techniken. Das Konditionstraining der B- und A-Junioren von Bayer 04 Leverkusen.
In: Fußballtraining 17 (1999) 3, 17-22.

FRANK, G.: Koordinative Fähigkeiten im Schwimmen. Schorndorf 1996.

GABRIEL, S.: Das Training der koordinativen Fähigkeiten im F- bis D-Jugendalter. In: Fußballtraining 9 (1991) 1, 11-16; (1991) 2, 27.

GROSSER/NEUMAIER: Techniktraining. München/Wien/Zürich 1982.

HASLER, H.-R.: Zielgerichtete Vervollkommnung der koordinativen Fähigkeiten im Vereinssport der 7- bis 13jährigen. In: Magglingen 46 (1989) 9, 7-11.

HASLER, H.-R.: Zielgerichtete Vervollkommnung der koordinativen Fähigkeiten im Vereinsfußball. Aus: NAUL, R./SCHMIDT, W. (Red.): Beiträge und Analysen zum Fußballsport 2: Referate zu den Tagungen der dvs-Kommmission Fußball 1987 und 1988 in Duisburg. Clausthal-Zellerfeld 1989, 83-100.

HEINZEL, A./KOCH, P./STRAKERJAHN, V.: Koordinationstraining im Tennis. Sindelfingen 1997.

KRAUSPE, D./MALORNY, S./RIECK, J.: Theoretische und methodische Positionen zur Ausbildung koordinativer Fähigkeiten im Fußballsport.
In: Wissenschaftliche Zeitschrift der DHfK, Leipzig 27 (1986) 2, 32-51.

KOLLATH, E.: Techniktraining. Aachen 1991.

LIESEN, H.: Physiologische Entscheidungshilfen für das Techniktraining – Thesen. Aus: BUNDESINSTITUT FÜR SPORTWISSENSCHAFT (Hg.): Theorie und Praxis des Techniktrainings. Köln 1988, 169-171.

MEINEL, K./SCHNABEL, G.: Bewegungslehre – Sportmotorik. Berlin (Ost) 1987.

MENZE, B.: Praxis: Koordinationsschulung im Nachwuchsbereich. Jugendspieler des FC Schalke 04. In: BDFL Journal 2 (1997) 14, 30-35.

PABST, K.: Koordination – das neue Training – Interessante Übungsformen für ein Koordinationstraining innerhalb verschiedener Altersklassen.
In: Fußballtraining 14 (1996) 9, 62-68.

PABST, K./GREIBER, P.: Koordination – das neue Training – Interessante Übungsformen für ein Koordinationstraining innerhalb verschiedener Altersklassen. In: Fußballtraining 14 (1996) 10, 49-51.

PABST, K.: Koordination – das neue Training – Interessante Übungsformen für ein Koordinationstraining innerhalb verschiedener Altersklassen.
In: Fußballtraining 15 (1997) 7+8, 57-63.

PABST, K./SIMON, F.: Koordination – das neue Torhütertraining. Altersgemäße Übungs- und Spielformen für das Torhütertraining.
In: Fußballtraining 16 (1998) 7, 30-35.

PETER, R.: Mit besserem Laufen zum attraktiveren Spiel.
Teil 1: Trainingsformen für eine interessante Schulung der Laufkoordination.
In: Fußballtraining 15 (1997) 7/8, 65-68. Teil 2: H. 9, 25-32.

WEINECK, J.: Das Training der koordinativen Fähigkeit im Fußball.
In: BDFL Journal 9 (1998) 16, 18-21 und 4 (1999) 17, 3-6.

WEINECK, J.: Optimales Fußballtraining. Balingen 1998.

WYZNIKIEWICZ-KOPP, Z.: Ausprägung koordinativer Fähigkeiten bei unterschiedlicher sportlicher Ausbildung.
In: Theorie und Praxis der Körperkultur 38 (1989) Beiheft 2. 59-61.

Bildnachweis

Titelfoto: Philippka-Sportverlag, Münster
Fotos im Innenteil: Krisztina Erkenrath, Nörvenich und Jörg Seiler, Köln
Grafiken: Lars Banka, Aachen

Umschlaggestaltung: Birgit Engelen, Stolberg